よくわかる

コワーキングスペース開業・運営の教科書

coworking space
Textbook of opening
and management

［著］
星野邦敏
中野龍馬
斉藤晴久
山田里江

［監修］
一般社団法人
コワーキングスペース
協会

インプレス

著者プロフィール

星野 邦敏（ほしの くにとし）

2012年から埼玉県さいたま市の大宮駅東口近くで「コワーキングスペース7F（ナナエフ）」を運営している株式会社コミュニティコムの代表取締役。2013年より「コワーキングスペース運営者勉強会」をほぼ毎月開催。全国の運営事業者と交流がある。一般社団法人コワーキングスペース協会の代表理事を務める。

中野 龍馬（なかの りょうま）

2014年に滋賀県にてコワーキングスペース 今プラスをオープン。2017年に移転、2021年に二号店オープン。滋賀を世界で一番住みたいまちにするをビジョンにコワーキングスペースを起点に事業展開を行っている。妻のハンバーグが世界で一番大好き。

斉藤 晴久（さいとう はるひさ）

SCSK、アマゾンジャパン、スペースマーケット、リノベるを経て、2020年株式会社AnyWhereを創業。国内外750ヶ所の場と人をつなぐワークプレイスプラットフォームTeamPlaceを運営。

「Seats2meet.com」International Ambassador／一般社団法人コワーキングスペース協会理事／Minerva® Certified Instructor

山田 里江（やまだ りえ）

コワーキングスペース7F（ナナエフ）店長。2017年より株式会社コミュニティコムでコワーキングスペース運営に関わり、2020年より現職。一般社団法人コワーキングスペース協会主催の「コワーキングスペース運営者勉強会」では司会進行を務める。

一般社団法人コワーキングスペース協会

2017年に設立されたコワーキングスペースの運営事業者を会員とした非営利型の業界団体。運営事業者のコミュニティ形成、勉強会の主催、運営支援、議員・行政との意見交換などを行っている。

はじめに

コワーキングスペースは、欧米で2000年代前半、日本で2010年から増え始め、現在全国に約2500施設が存在します。創業支援や地域活性化、企業のオープンイノベーション、働き方改革などの社会需要から、国内の施設数が増えています。また、新型コロナウイルス感染症の影響でテレワークが一般化したことで日本の労働環境は大きく変わりつつあり、今後も需要が高まると考えています。

私は2012年からコワーキングスペースを運営し、10年間で約800人の月額会員と交流する中で、地域活性化に繋がる出会いが生まれることを体感しています。また、業界団体として2017年に一般社団法人コワーキングスペース協会を設立し、運営者同士の交流の場を提供してきました。

本書は、これから地域でコワーキングスペースを開業・運営する事業者に向け、方法や事例を紹介しています。多くの施設が開業している一方で、閉店した施設も少なくありません。本書が業界の健全な成長と利用者の良質なコミュニティ形成を支援し、社会に寄与できることを願っています。

本書の執筆にあたり、大崎弘子さん（オオサカンスペース）、岡秀樹さん（コワーキングスペース秘密基地）、田中弘治さん（コワーキングスペース茅場町 Co-Edo）、辻野貴士さん（コワーキングスペースH.U.B雲仙）、森下ことみさん（CASE Shinjuku）、吉永亮さん（GRANDSLAM）、遅野井宏さんに原稿を読んでいただきました。インプレスの柳沼俊宏さん、編集担当の小清水航さんには、編集者の域を超えてご協力いただきました。この場を借りて感謝いたします。本書が業界のさらなる発展に繋がることを期待しています。

2023年4月

共著者を代表して　星野邦敏

もくじ

はじめに 3

Chapter 1
総論 コワーキングスペースの現状と展望
コワーキングスペース概論 8
国内外のコワーキング事情 25
カオスマップでコワーキングスペース業界の全体像を俯瞰する 49

Chapter 2
集客 Webとリアルの2つのアプローチ
マーケティング：Webとリアルの集客 76

Chapter 3
コミュニティ 利用者の交流とイベント運営
コミュニティ 88
イベント運営・コミュニティ形成 101

Chapter 4
計画・財務 資金調達と事業計画

Chapter 5 収益化 料金体系と空間活用の戦略

ファイナンス・資本政策 116
事業計画 126
コワーキングスペースの料金体系と収益化 138
さまざまな空間活用・マネタイズ 153

Chapter 6 施設関連 物件選定と内装

物件選定 166
内装、設備 172

Chapter 7 体制 運営の構築と人材育成

運営管理 196
人材採用・教育 215

Chapter 8 運営・管理 顧客管理とリスク対応

顧客管理 244
起こるリスクと対処方法（法務・知的財産など） 253

Chapter 9
エリア
都市と地方のコワーキングスペース

都市の場合 264
地方の場合（政令指定都市・中核都市） 269
地方の場合（人口10万人以下） 274
地方の場合（人口1万人以下、離島など） 278

付録 283

索引 286

Chapter

1

総論

コワーキングスペースの現状と展望

Section 1-1

コワーキングスペース概論

コロナ禍において、世界中の働き方が一変し、職場以外で働くリモートワークやハイブリッドワークといった、新しい働き方が生まれ、驚異的なスピードで一般化しました。「コワーキング(Coworking)」とは、2000年代初頭に欧米からはじまった文化で、「Co（共に）」「Working（働く）」をつなげた造語ですが、そうした動きの中で改めて注目される領域となりました。世の中が変化していく中で、「コワーキングスペース（Coworking Space)」はどのような役割を担っているのでしょうか？

コワーキングスペースとは

コワーキングスペースは、異なる組織に所属する複数の人が共に働く空間を意味します。施設としては、仕事や作業をするスペース、会議や打ち合わせをするスペース、イベントや交流ができるスペースなどがあり、同じスペースを時間帯によって使い分ける場合もあります。利用者は、それぞれ独立した事業や活動をしている人たちではありますが、その人たちが同じ空間で共働する（共に働く）ことのできる施設となります。

日本にも以前から「レンタルオフィス」と呼ばれる小規模に区分されたオフィスは存在していました。それと比べて、コワーキングスペースは、オープンなスペースを共有して他者と緩やかにコミュニケーションを取りながら独立した事業・活動を行うことができ、偶発的な出会いや、より創発的な活動が生まれることが特徴です。

また、コワーキングスペースは飲食業や旅館業などと異なり、現時点では監督官庁がないため、営業許可要件の必要のない業種業態となります。例えば、飲食店営業許可を取得する場合は、設備要件を備えた上で保健所に届出をし、現地確認を経て営業許可を取得することになります。ですが、コワーキングスペースでは、一般的なオフィスと同様に、消防法などの建物としての要件は必要としても、このような営業許可を取得する過程がありません。

そのため、最低限、①机、②椅子、③Ｗｉ－Ｆｉ、④電源があれば、設備としては今日からでもコワーキングスペースとして開業できるともいえます。その点で、日本におけるコワーキングスペース業界の初期の頃（２０１０年代前半）のコワーキングスペースは、自社のオフィスの一画をシェアする形で開放したり、自社の飲食店舗や自宅の一画をシェアする形で開放したりする形態も多くありました。

自宅の一角を開放した形態のコワーキングスペース

2011年3月に開店した「下北沢オープンソースCafe」（東京都世田谷区）。自宅の車庫を改装してコワーキングスペースとしている。車庫の改装のため広さはないが、IT関係の事業者が作ったため、IT関連書籍が多い。

コワーキングスペースとその他の施設との違い

	コワーキングスペース	シェアオフィス	レンタルオフィス	インキュベーション施設	サテライトオフィス
スペース・設備の共有	○	○	×	△	×
固定席などの専用スペース	△	○	○	○	○
コミュニケーションを促進する仕組み	○	△	×	△	×
利用者層	起業家・スタートアップ、フリーランス、学生、リモートワーカーなど多様	起業家・スタートアップ、フリーランス	起業家・スタートアップ、フリーランス	起業家、スタートアップ	特定の企業の従業員のみ
利用の条件	特になし	特になし	特になし	自治体内の企業のみ、創業して3年以内、等の条件と審査あり	特定の企業の従業員のみ利用可

以上を踏まえて、「コワーキングスペース」を定義すると、次のようになります。

1. オープンなフリーアドレス（固定席がなく、空いている席を自由に使う形式）のスペースで、
2. 不特定多数の人が出入りして作業をする、
3. 創発的な共働スペース

比較されることの多い、シェアオフィスやインキュベーション施設、サテライトオフィスとの違いは、上記の表を参照ください。大きな違いとしては、コワーキングスペースにはコミュニケーションを促進する仕組みがあり、利用する層もフリーランスから学生、スタートアップ、中小企業、近年は大企業など、さまざまなグラデーションがあるという点が特徴的です。

コロナ後においては、半個室や個室を併設したコワーキングスペースも増えていますが、仕切り

のないオープンなスペースも用意していることで、利用者同士のコミュニケーションが生まれるような工夫がされている施設が多くなっています。

また、コワーキングスペースが増えてきていることで、より業種に特化した施設や、利用する法人の従業員数規模を決めている施設、自社が出資をしている事業者のみに特化した施設なども出はじめており、そのような施設では利用者の層が一部限定される事例も出てきています。

時代の変化とともに、コワーキングスペースの在り方も変化していますが、共働スペースであることに変わりはなく、そこで生まれる交流やコラボレーションによって、新しい事業や活動が日々生まれています。

コワーキングスペースはなぜ今ブームなのか?

コワーキングスペースが日本に登場しはじめたのは2010年頃です。2023年3月末時点では、一般社団法人コワーキングスペース協会の調べによると、日本国内でコワーキングスペースと称している施設数は2500施設を超えるとされています。このように、約13年で国内でコワーキングスペースが増えてきたことには、次のような「インフラの整備」「社会的ニーズの高まり」という理由があります。

インフラの整備

まず、前提として、インフラ環境が整ったことが挙げられます。

・パソコンが普及しはじめた時期はデスクトップパソコンが主流だったが、ノートパソコンの性能が上がり、持ち歩く習慣ができたこと
・Wi-Fi環境を用意している場所の増加や、スマートフォンのテザリングの利用により、自宅や会社以外の場所でもインターネットに接続しながらパソコン作業ができるようになったこと

これらのような理由から、場所にとらわれない働き方をする人が増えました。

社会的ニーズの高まり

次に、日本においてコワーキングスペースが求められる社会的ニーズが高まってきたことが挙げられます。ここでは五つの理由を紹介します。

①戦後、終身雇用が一般的になり、一つの会社に勤めあげて定年を迎えることが主という時代が長く続きました。現在は、転職も一般的になり、それだけではなく、会社員をしつつ特定の企業や組織の社員でありながら自身の「副業」を行う人や、複数の仕事を並列的に行う「複業」という働き方も、徐々に浸透しつつあります。このような働き方では特に、自宅と会社以外に、偶然人と出会ったり自然と情報が入ってきたりするような環境へのニーズも出てきます。コワーキングスペースは創発的な

「コワーキングスペース7F(ナナエフ)」での創業関係イベントの様子(2015年)

埼玉県さいたま市の大宮駅近くの「コワーキングスペース7F(ナナエフ)」での創業関係イベントの様子(2015年に撮影)。コワーキングスペース利用者がそれぞれ自分の事業を5分程度で話して、フィードバックを受けたり、人や企業とのマッチングが行われたりしている。

共働スペースとして、このようなニーズに応えています。

②さらにコワーキングスペースは、自分で事業を興す「創業」「起業」をするときのスタートアップ時期の拠点としての役割もあります。現在、日本においてスタートアップの企業を育成する政策が増えてきています。具体的には、経済産業省などにおいて、スタートアップに対する補助金の拡充、創業に対する融資、税制の優遇などがあり、コワーキングスペースやシェアオフィス、サテライトオフィスなどといった拠点の整備に対する補助金なども盛り込まれています。これらの政策には、日本の経済成長や労働生産性の向上のためのイノベーションを起こすという目的があり、その拠点の一つとして、コワーキングスペースが活用されています。

③そして、より地方都市に目を向けると、今後、日本の人口は減少していく傾向にあるので、地方

錦江町お試しサテライトオフィス

鹿児島県錦江町にある「錦江町お試しサテライトオフィス」。人口約7,000人の町において、総務省の「おためしサテライトオフィス」事業に採択され、廃校になった中学校を改装してコワーキングスペースを作り運営している。町内の「お試し住宅」やシェアハウスと組み合わせて、企業のワーケーション誘致や移住定住施策にも活用されている。

に産業を興して仕事を作り雇用を生むという・連の動きを、コワーキングスペースで知り合う人同士で行う動きがあります。例えば、総務省などにおいては、地方への移住定住の施策として行政の遊休施設を改装してコワーキングスペースを作る動きがあります。また、国土交通省などにおいては、移住や定住まではいかないものの、その市町村と関わりを持つ人を増やす、いわゆる関係人口の増加のための対流拠点の一つとしてコワーキングスペースが活用されています。

④次に、厚生労働省などの動きとしても、働き方の多様化や働き方改革から、会社まで毎日行かずに、自宅の近くのサードプレイス（＝自宅や会社とも異なる第三の居場所）で働く、というニーズが出てきています。その際に、自宅近くのコワーキングスペースで働くという選択肢も、社会的に認知度が高まってきました。

⑤最後に、新型コロナウイルス感染症の影響に

より、世の中にテレワークという働き方が急速に普及しました。コロナ以前も、業種業態によってはテレワークなどで遠隔で働くことに理解がありましたが、コロナにより世の中に半強制的にテレワークが広がりました。ところが、自宅にＷｉ－Ｆｉ環境が整っていなかったり、小さい子どもがいたり、共働きでパートナーとともに在宅勤務となるため自宅に十分なスペースがなかったりと、必ずしも働く環境が整っていない場合があります。また、働く環境を整えるのに、どこまで会社の金銭負担で整えるのかなどの課題もあります。そこで、拠点を全国に展開するコワーキングスペース施設を利用し、従業員が働く場所の選択肢を自宅・会社以外にも用意する企業も増えてきました。

これらの「インフラの整備」「社会的ニーズの高まり」といった理由から、現在、コワーキングスペースが日本国内に普及しつつあり、全国で施設数が増えています。今後の日本は人口が減少していくことが明らかであり、その中で、経済が縮小しないように努める必要性や、労働人口が減少する中で労働生産性を高めていく必要性も出てきています。また、より地方で起きている人口減少において、自然減（＝高齢者が亡くなり出生数が減少することによる人口減）は仕方がないとしても、社会減（＝若い人や子どものいる家族が、都市部への進学や就職で地方から出ていってしまうことによる人口減）が起きないようにして人口減少を緩やかにする取り組みとしても、コワーキングスペースとその施設内で行われている活動は注目されています。

Googleトレンドにおける「コワーキングスペース」

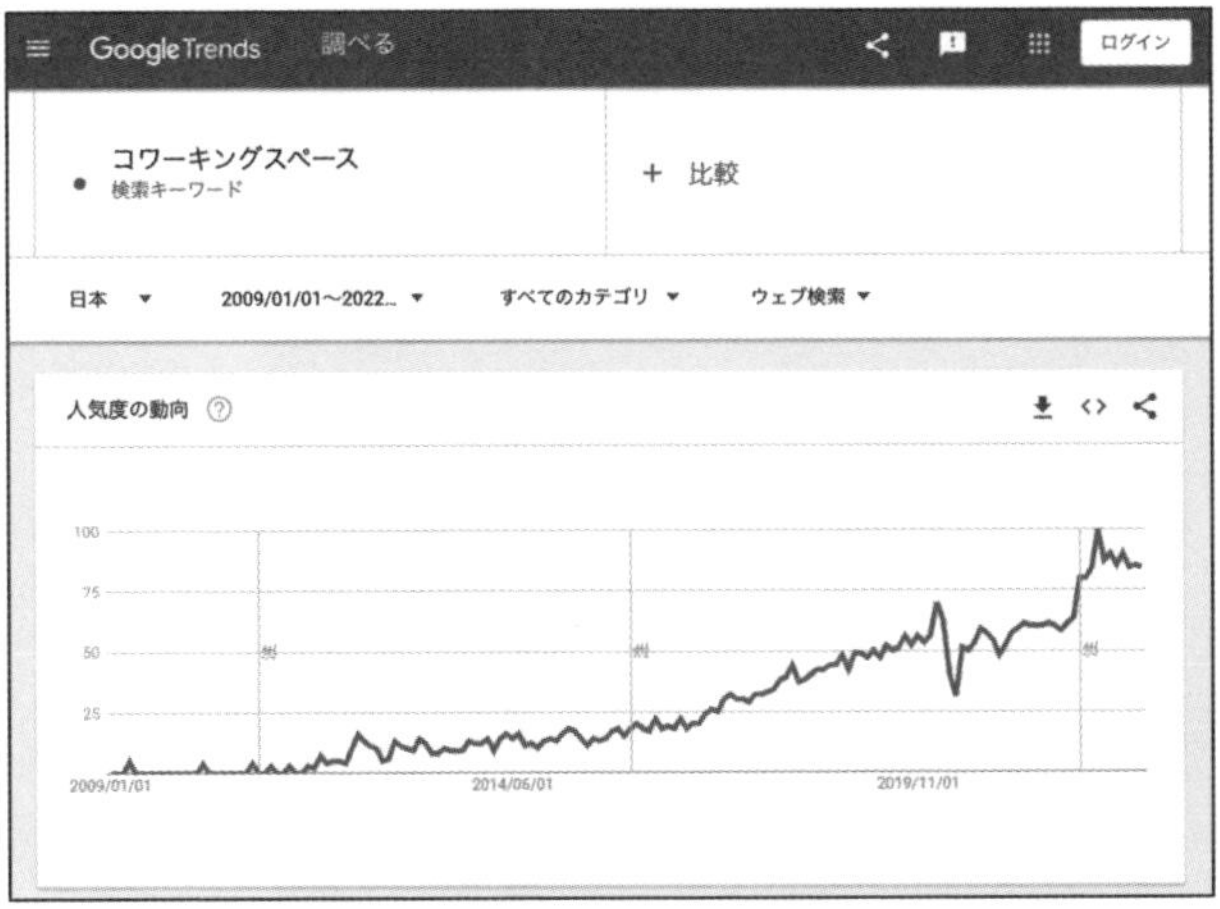

Googleトレンドで「コワーキングスペース」と検索した結果。2011年くらいから検索されはじめたことがわかる。

日本におけるコワーキングスペースの変遷

もともとコワーキングスペースは、2000年代半ばに欧米において、友人の自宅やカフェなどにカジュアルに集まって一緒に作業をする「Jelly(ジェリー)」というイベント文化が形成されたことからはじまりました。そこから、固定で集まれる施設があったほうがよいということになり、Coworking Space(コワーキングスペース)につながったといわれています。日本国内においては、先述したように2010年頃から「コワーキングスペース」という言葉が出はじめ、増えていきました。

2010年～2015年のコワーキングスペース

日本における初期の頃のコワーキングスペースは、自社オフィスや店舗の空いた一角の空間を

「コワーキングスペース7F（ナナエフ）」での2015年当時の様子

「コワーキングスペース7F（ナナエフ）」（埼玉県さいたま市）での普段の様子（2015年に撮影）。

もって、「コワーキングスペース」と名乗るケースが多く、造作面など含めて、専門の施設を作るよりも参入障壁が低かったように思います。コワーキングスペースを作るために専用で物件を用意するというよりは、空いたスペースのシェアリングというような形で、「住み開き」に近い、いわゆる「働き開き」のような、「運営事業者を含めた働く場所のシェアリング」というイメージがより強かったと思います。

2012年頃から、コワーキングスペース専用の店舗として一定以上の広さを有する物件を借りて営業する施設も増えてきました。「コワーキングスペース7F（ナナエフ）」（埼玉県さいたま市）は、2012年12月に開店しています。1フロア65坪・215平米の広さで、当時のコワーキングスペースの中では広い面積でした。

当時のコワーキングスペースの文化としては、運営趣旨として創業支援や地域活性化を掲げる施

コワーキングスペース「TUNNEL TOKYO」

セガサミーホールディングスの本社内にあるコワーキングスペース「TUNNEL TOKYO」(2018年11月に開催した第52回コワーキングスペース運営者勉強会の様子)。

設が多くありました。利用者についても、現在のように新型コロナウイルス感染症の影響によって大企業に所属する従業員の利用が一般的になった状況とは異なり、その地域の小規模事業者、具体的にはその地域でこれから起業する人や起業したての人、長年フリーランスをしている人などが多く集まっていました。そのような「地域で活動している人、これから活動したい人」に向けて情報を発信し、交流を促す手段の一つとして、イベントが積極的に行われることが主流であり、イベントの内容や置いてある書籍によって施設の特徴が出るとともに、その施設の集客にもつながっていきました。

2016年〜2019年のコワーキングスペース

2016年以降になると、大手企業が本社内にコワーキングスペースを作る事例が増えてきました。具体的には、Yahoo! JAPANの「LODGE」、

海外発の大手コワーキングスペース「WeWork」

海外発の大手コワーキングスペース「WeWork」。日本ではソフトバンクグループと合弁でWeWork Japanが設立されて運営されている。

セガサミーホールディングスの「TUNNEL TOKYO」などがあります。

大手企業が本社内にコワーキングスペースを作る目的は、社内の人と社外の人がつながることで起こる可能性のあるオープンイノベーションであったり、優秀な人材の採用であったり、自社の投資先の誘致であったり、さまざまです。またこの頃には、「WeWork」などの海外発の大手コワーキングスペースの参入も目立つようになってきました。

また、地方に目を向けると、日本全体が人口減少フェーズに入る中、地方での移住定住・関係人口増加などの関係から、まずは住んでもらい、その後の移住や関係人口増加につなげるため、コワーキングスペースがハブとなる役割を果たすことが増えはじめてきました。

おためしナガノ

長野県の施策である「おためしナガノ」。長野県内の20前後の市町村の中から参加者の希望の市町村に「おためし」で居住して、その市町村のコワーキングスペースを拠点として仕事を行い、「おためし」期間中にコワーキングスペースなどで地域の人たちとの交流を通じて、長野県で「仕事をする」「住む」イメージをつかむことを目的としている。「おためし」期間中は、長野県内に住んでも、それまで住んでいた地域との2地域居住でも構わず、オフィスとなるコワーキングスペースの利用料や引っ越し代や交通費などが補助される。また、「おためし」終了後は、本格的な移住や2地域居住などが理想だが、本来の地域に戻っても補助金の返還などは不要である。

参照 https://otameshinagano.com/

2020年以降のコワーキングスペース

もともと、オフィスから離れた場所で働くテレワークは、特定の業種業態の中では緩やかに広まりつつありました。それとは別に、国としても、東京オリンピックの開催決定後からは、開催予定期間の交通機関の混雑を減らす目的で、特定時間帯の通勤を控えるよう大手企業に要請して実証実験を行ったり、テレワークを推奨する「テレワーク・デイズ」という施策を進めたりするなど、テレワーク拡大の機運自体はありました。

しかしながら、新型コロナウイルス感染症の感染拡大防止の対策によって、テレワークによる働き方が半ば強制的に広がりました。それまでとは比較にならないほど、急速に働き方が変化したのは、皆さんの記憶にも新しいところです。そのような中で、コワーキングスペースの在り方もより注目されて、施設数も急速に増えていきました。

コロナ後の大きな変化としては、2点あります。

1点目は、大手企業の従業員が、全国に数百拠点あるようなコワーキングスペースのネットワークを利用するようになったことです。それまでのコワーキングスペースは、どちらかというと、起業したての人や小規模事業者が創業のために一番初めに利用するスペースという印象がありました。ですが、大手企業の従業員の利用がコロナ以前と比べてさらに増えたことで、市場拡大のきっかけとなりました。例えば、大手不動産会社が運営するコワーキングスペースが全国数百店舗というような形で出店を増やしていき、利用企業の従業員がそれぞれの住んでいる地域で作業できるような利用形態が普及したり、コワーキングスペース同士の相互利用制度のようなWebサービスを展開する企業が増

法人向け会員制シェアオフィス「NewWork」

東急株式会社の法人向け会員制シェアオフィス「NewWork」。従業員数100名以上の法人企業のみ利用できる。

えたりということが、急速に一般化しました。

2点目は、より地方に移住する人が増えて、地方のコワーキングスペースが盛り上がりを見せたことです。テレワークの普及によって会社まで出社せずフルリモートで働くことを実践する会社も増加し、月に数回、都市部に出ればよいという人も増えてきたことから、会社所在地からかなり離れた場所に住む人も増える傾向にありました。このような人たちが、その地域の人とつながるためにコワーキングスペースを利用する事例も増えたため、地方でのコワーキングスペース需要もコロナ以前より高まったといわれています。

これからのコワーキングスペース

新型コロナウイルス感染症の影響によって、コワーキングスペース業界の時計の針が20年は早まったのではないかといわれています。都市部に

「オープン アンド フレンドリースペースArea898」

人口7,000人台の埼玉県秩父郡横瀬町の「オープン アンド フレンドリースペースArea898」。移住者や旅行者との交流や町民の利用が盛んで、町の活性化の拠点となっている。営業時間中、受付には地域おこし協力隊の方々を中心にスタッフが常駐している。

おいては、引き続き企業の従業員が外出先で一時利用するための、いわゆるタッチダウンオフィス的な利用という需要が残りました。一方、地方においては人口が減少する中でその地域で働くという選択肢が生まれたことによる地域活性化と、その地域の産業や経済を作り、雇用を生むような創業の流れの対流拠点になっていくのではないかと思います。

また、DX（デジタルトランスフォーメーション）の流れも進んでいます。日本の人口減少に伴う労働人口の減少に対応するためには、労働生産性を高める必要があり、これをIT技術の活用で実現していくことは必要不可欠です。コワーキングスペース運営にもDXの流れが来ており、受付業務や会計業務などをIT技術で自動化し、スタッフは人にしかできないような利用者同士のコミュニティを育む業務などに注力する流れが起きています。

Section
1-2

国内外のコワーキング事情

近年のテレワーク・リモートワークの普及、働き方改革などにより、個性豊かなコワーキングスペースやフレキシブルオフィス、バーチャルコワーキングやコミュニティプラットフォームなど、働く場所や働き方に関連したさまざまなサービスが登場しています。ここでは、国内外の働き方の状況や注目のコワーキングスペースについてご紹介していきます。

直近の海外での働き方は？

まずは、直近の海外での働き方の動向について見ていきましょう。次のグラフは、OECD（経済協力開発機構）が2021年9月に発表した、コロナ禍でのテレワーク状況に関する調査結果です。新型コロナウイルス感染症によるパンデミックの初年度（2020年）にテレワークがどのように進化したかについて、各国の統計機関が発表したデータを元にしています。

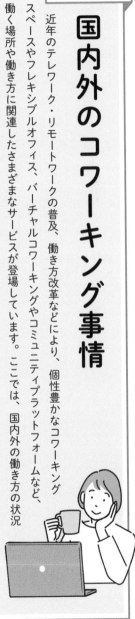

コロナ禍においては、比較可能な観測値があるすべての国でテレワーク率が上昇しましたが、その程度は国によってさまざまです。

フランス、オーストラリア、イギリスでは、2020年のロックダウン時には、47％の従業員がテレワークを行いました。フランスでは、3月から5月の期間で2019年から2020年で2倍以

各国の2020年におけるテレワークの割合の変化

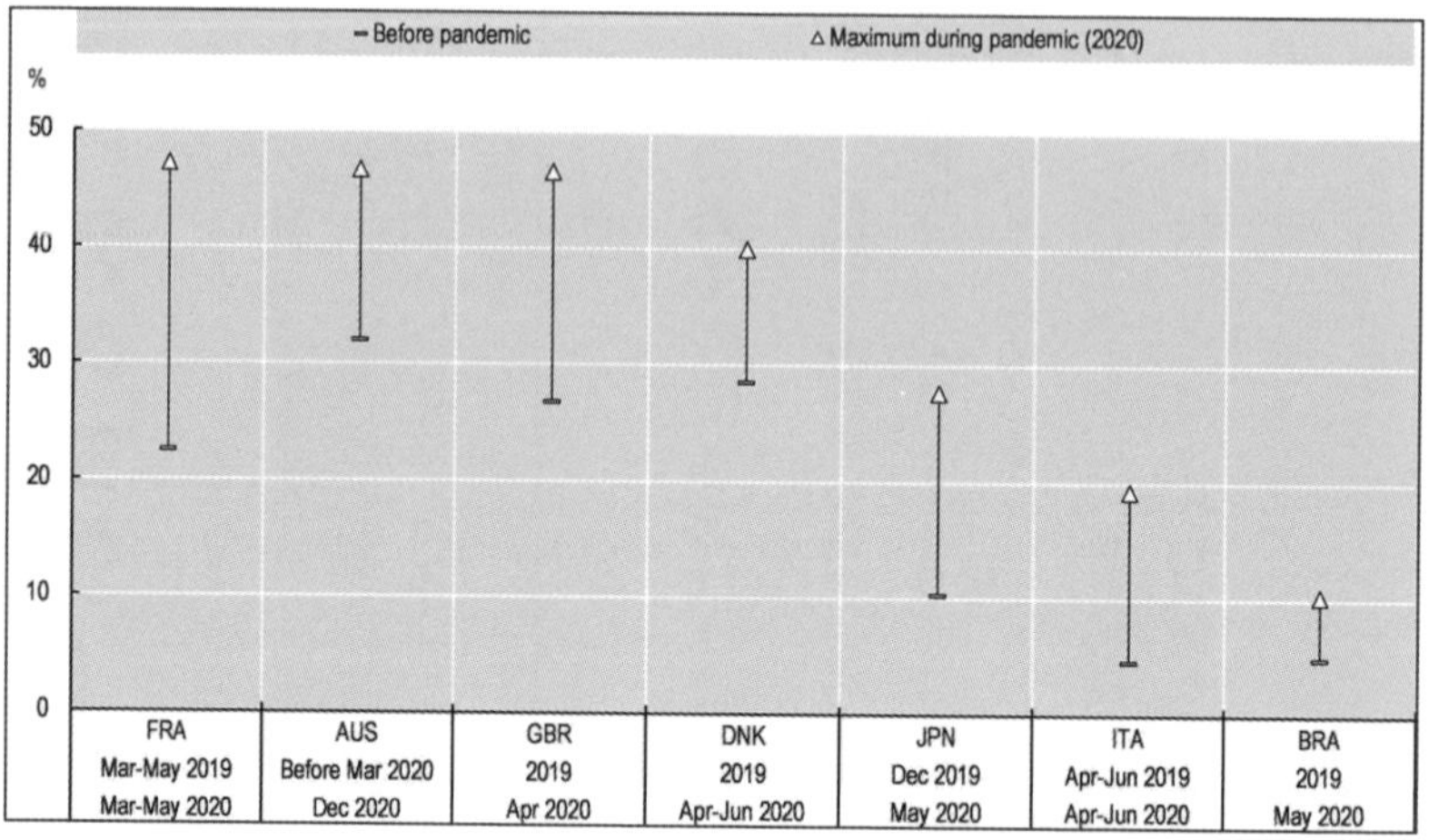

参照 https://www.oecd.org/coronavirus/policy-responses/teleworking-in-the-covid-19-pandemic-trends-and-prospects-72a416b6/#figure-d1e307

上に増加、イギリスでは、２０１９年のコロナ禍前に比べて２０２０年４月には１・８倍のテレワーク率となりました。

イタリアでは、４月から６月の期間で、２０１９年から２０２０年で４倍以上となり、またブラジルでは、２０１９年の５％から２０２０年５月には１０％超に倍増しました。

なお、日本は２０２０年には全国規模でのロックダウンを実施しませんでしたが、テレワーク率が２０１９年１２月の１０％から２０２０年５月には２８％近くまで顕著に上昇しました。

コロナ禍が終わったら少なくとも勤務時間の半分を自宅で働きたいと回答したテレワーカーの割合（カナダ）

年齢（歳）	全体（%）	男性（%）	女性（%）
15 ～ 34	76.9	80.2	73.8
35 ～ 50	82.4	80.0	84.7
51 ～ 64	78.2	77.0	79.2
全年齢	79.8	79.3	80.2

Statistics Canada, Labour Force Survey and Labour Force Survey supplement, February 2021
参照 https://www150.statcan.gc.ca/n1/daily-quotidien/210401/t003b-eng.htm

一方、カナダ統計局による調査を見てみると、カナダでは女性がやや多いですが、男女比はほぼ同じで、テレワーカーの80%が、コロナ禍が終わったら少なくとも勤務時間の半分を自宅で働きたいと回答しています。割合の差はありますが、コロナ禍を通じて、テレワークは着実に世界規模で広がっており、また人々の望む働き方として定着しているのが見て取れます。

会社の従業員の働き方や働く場所に関しては、企業によってさまざまなスタンスが取られています。例えばゴールドマンサックスは、グローバルで全従業員のオフィス勤務を再開するとしています。一方メタ社は、恒久的にリモートワークを認めるとしています。業界や職種によっても異なりますが、企業に勤める人々の働き方は、今後もさまざまな変化が予想されます。

現状の日本における働き方

続いて、日本の働き方に関して見ていきたいと思います。総務省統計局が令和4年2月に発表した「労働力調査」によると、15歳以上人口のうち、就業者と完全失業者を合わせた人口である労働力人口は、２０２１年平均で６８６０万人でした。中でも、会社、団体、官公庁または自営業主や個人家庭に雇われて給料・賃金を得ている者、および会社、団体の役員である雇用者数は５９７３万人と、就業者に占める雇用者の割合は約９０％となっています。

内閣官房日本経済再生総合事務局が令和２年５月に発表した「フリーランス実態調査結果」によると、２０２０年５月時点のフリーランス人口は、合計４６２万人（本業が２１４万人、副業が２４８万人）といわれています。

上の表は総務省「住民基本台帳人口移動報告」を元に作成された、２０１９年・２０２０年・２０２１年の転入超過数の比較です。転入超過数とは、市区町村または都道府県の転入者数から転出者数を差し引いた数になります。なお、転入超過数がマイナス（－）の場合は、転出超過を示します。こちらの表によると、転入超過数に関して東京都、大阪府、福岡県では、転入数は引き続き超過しているものの、２０２０年よりも２０２１年では減少となっています。一方、神奈川県、埼玉県、千葉県では、転入増加数が２０２０

2019〜2021年の転入超過数の比較（単位：人）

都道府県	2019年	2020年	2021年
東京都	82,982	31,125	5,433 ↓
神奈川県	29,609	29,574	31,844 ↑
埼玉県	26,554	24,271	27,807 ↑
千葉県	9,538	14,273	16,615 ↑
大阪府	8,064	13,356	5,622 ↓
福岡県	2,925	6,782	5,792 ↓
滋賀県	1,079	28	1,034 ↑
沖縄県	695	1,685	-207 ↓

総務省「住民基本台帳人口移動報告 2020年結果」「住民基本台帳人口移動報告 2021年結果」を元にAnyWhere作成

年から2021年にかけてさらに増加しています。

この理由としては、コロナ禍においてテレワークが推進されたこと、また、居住地や所在地に縛られることなく働く場所を決められる人が増加してきたことが挙げられます。さらに、生活環境や居住環境において、「よりよい場所に住みたい、働きたい」という考えから、大都市圏周辺への移住をする人が増えてきたことも、この結果に影響していると考えられます。テレワークの導入率についての東京都の実態調査によると、令和元年度の調査では「テレワークを導入している」という企業が25%、令和2年度の調査では57%に増加しています。企業側も対応が進んでおり、フリーランスだけでなく、会社員の働き方の多様化が進んでいます。東京都では、文京区に東京テレワーク推進センターを設置しており、テレワーク就業を適用した求人に関する相談をしたり、テレワーク機器を体験したりすることができます。

国土交通省の令和3年度テレワーク人口実態調査によると、雇用型、自営型ともに情報通信業のテレワーカーの割合が高く、業種によって変わるものの導入率自体は令和2年に比べて増えている、ということが見て取れます。

「東京テレワーク推進センター」の内観

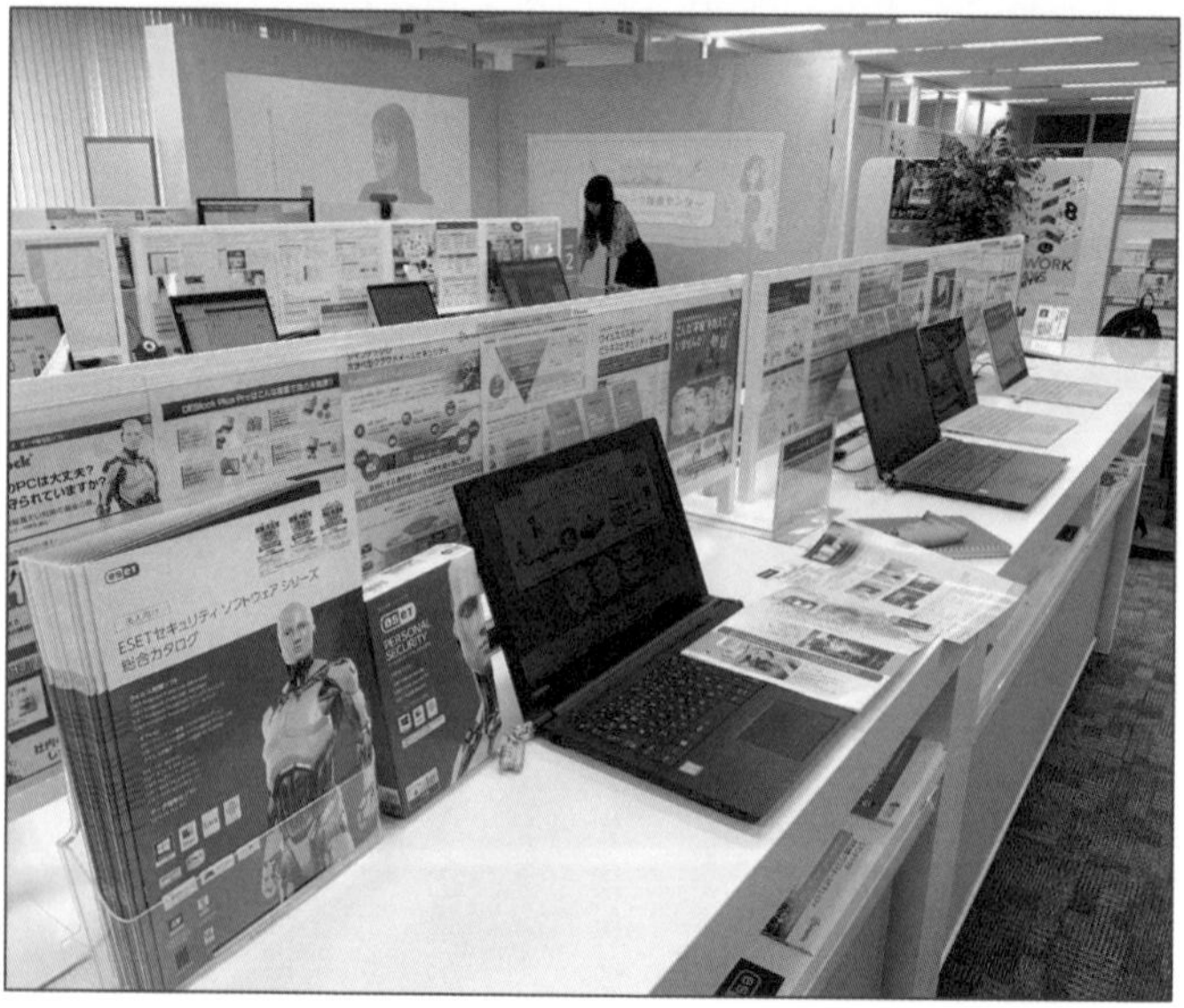

東京都と国がテレワークの普及を推進を支援するために設置したワンストップセンター。テレワーク活用相談をしたり、テレワーク用の機器やサービスを試したりできる。

業種別雇用型テレワーカーの割合【R2-R3】

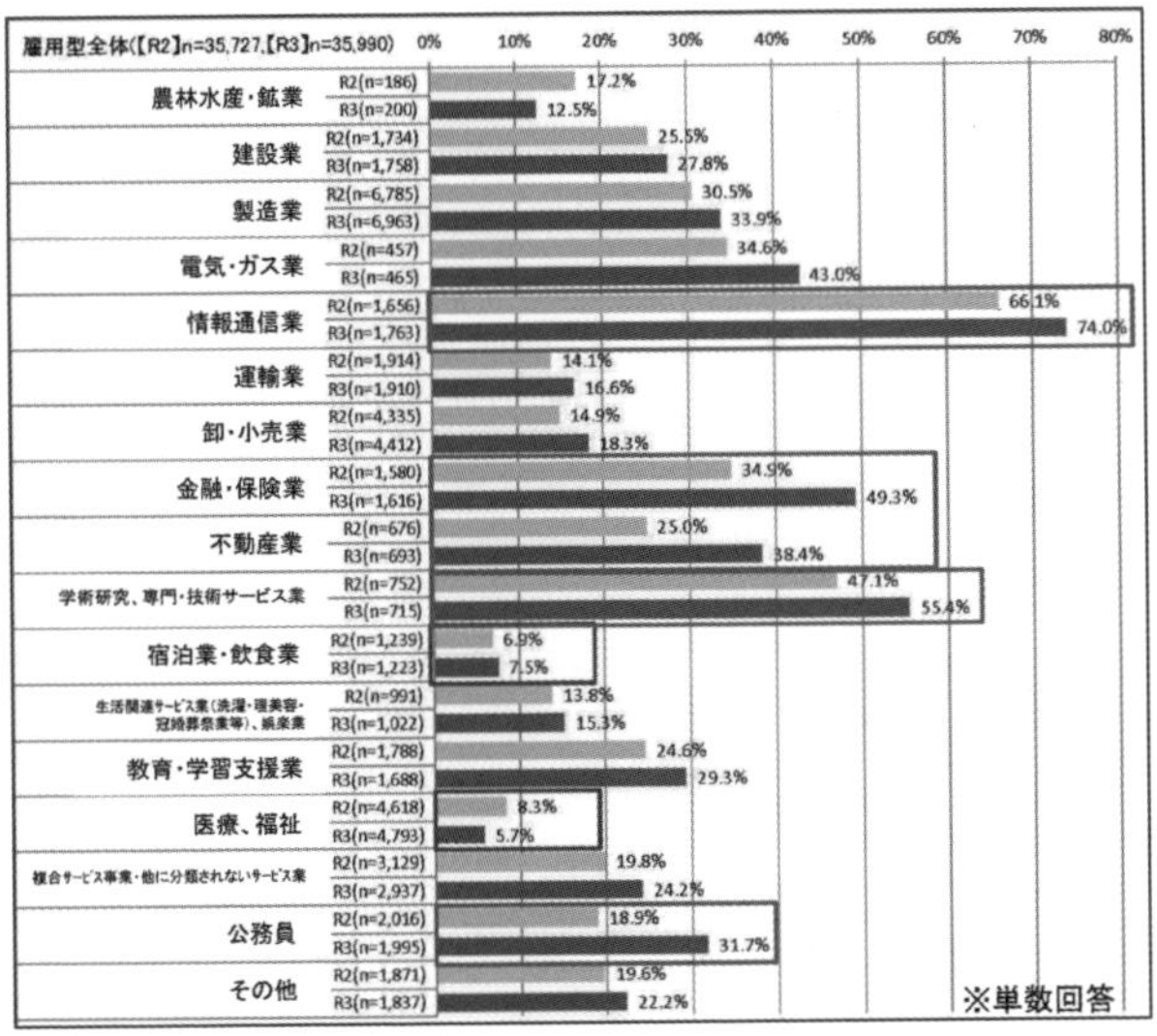

国土交通省「令和3年度テレワーク人口実態調査」

業種別自営型テレワーカーの割合【R2-R3】

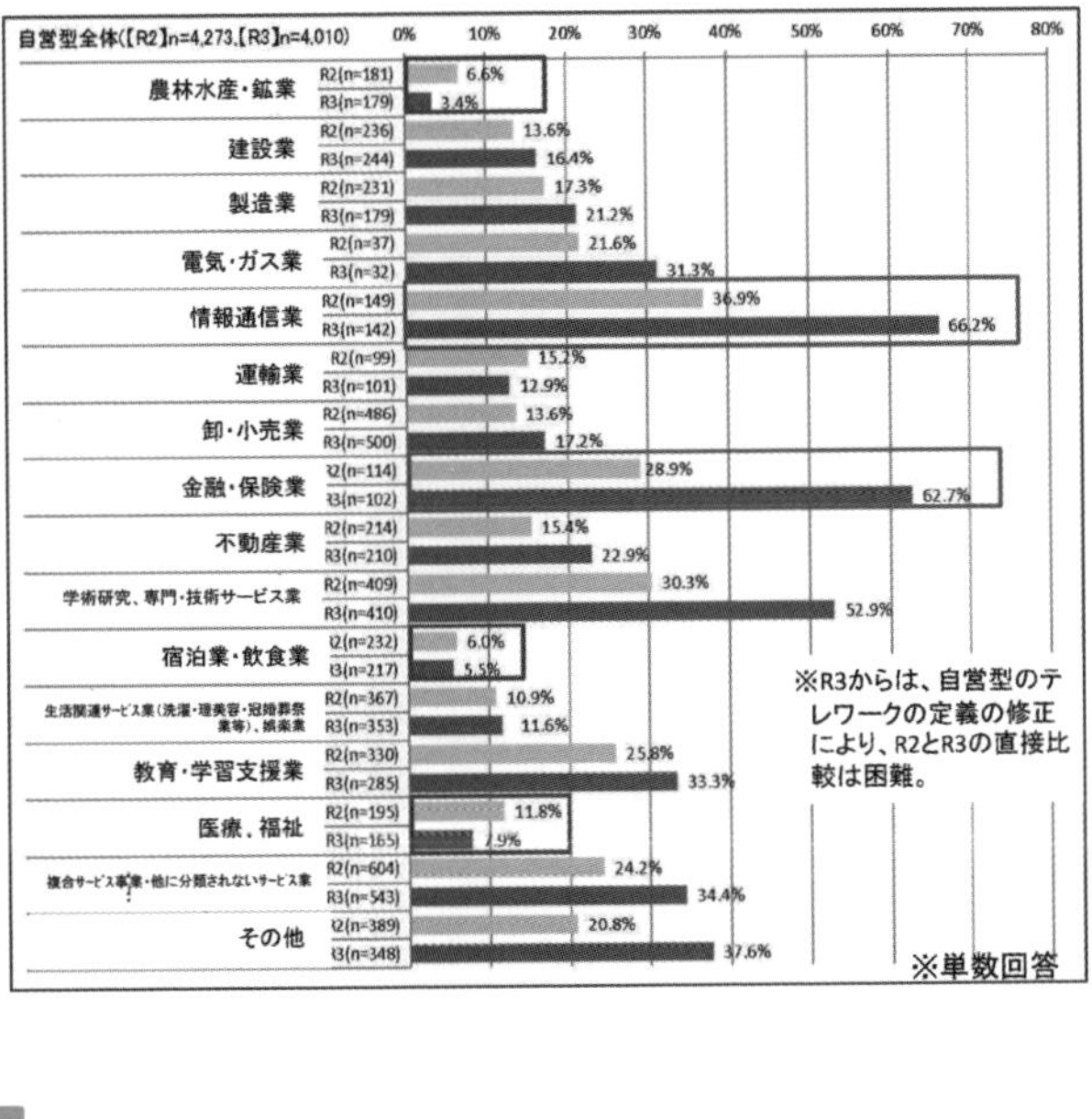

国土交通省「令和3年度テレワーク人口実態調査」

ヤフー株式会社による「どこでもオフィス」制度のプレスリリース

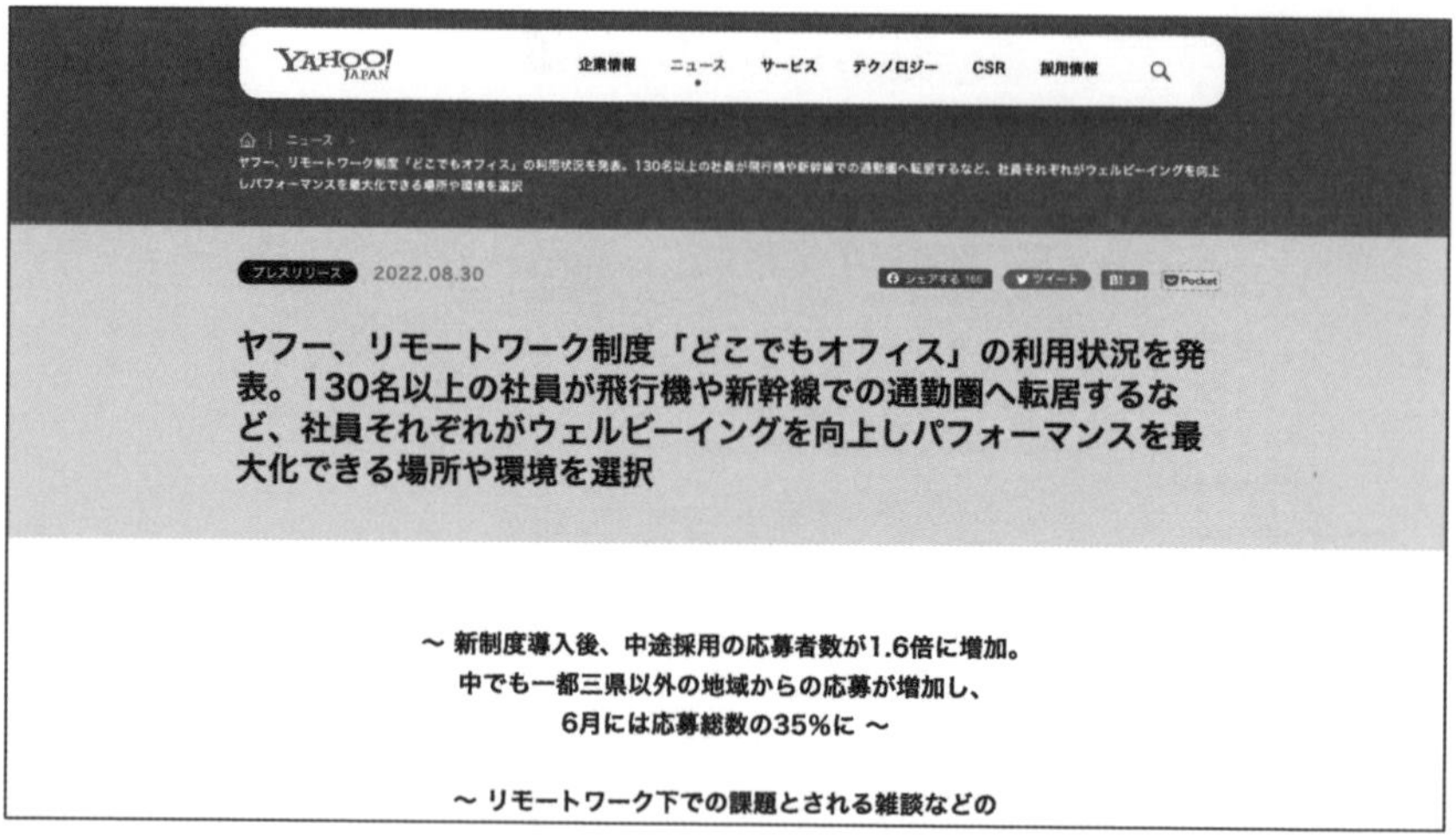
YAHOO! JAPAN
企業情報
ニュース
サービス
テクノロジー
CSR
採用情報
ニュース
ヤフー、リモートワーク制度「どこでもオフィス」の利用状況を発表。130名以上の社員が飛行機や新幹線での通勤圏へ転居するなど、社員それぞれがウェルビーイングを向上しパフォーマンスを最大化できる場所や環境を選択
プレスリリース
2022.08.30
ツイート
Pocket
ヤフー、リモートワーク制度「どこでもオフィス」の利用状況を発表。130名以上の社員が飛行機や新幹線での通勤圏へ転居するなど、社員それぞれがウェルビーイングを向上しパフォーマンスを最大化できる場所や環境を選択
～ 新制度導入後、中途採用の応募者数が1.6倍に増加。
中でも一都三県以外の地域からの応募が増加し、
6月には応募総数の35%に ～
～ リモートワーク下での課題とされる雑談などの

参照 https://about.yahoo.co.jp/pr/release/2022/08/30a/

例えばヤフー株式会社では2022年4月1日から、従業員8000人を対象に「どこでもオフィス」と呼ばれる人事制度を拡充し、通勤手段の制限を緩和し、居住地を全国に拡大できるなど、社員一人ひとりのニーズに合わせて働く場所や環境を選択できる制度を拡充しています。新制度を開始して以降、130名以上の社員が飛行機や新幹線での通勤圏へ転居し、東京オフィス所属の社員のうち約400名が1都3県以外の地域へ転居したことがわかりました。

またNTTグループは、主要7社の従業員3万人を対象に2022年7月1日より、日本全国どこからでもリモートワークを可能とする「リモートスタンダード制度」を導入しました。社員の働き方は原則としてリモートワークとし、出社が必要な場合は「出張」として扱うこととなりました。インパクトの大きい大企業での動きが加速することで、日本の働き方の多くを占める「企業での働

アメリカのコワーキングスペース「Industrious」

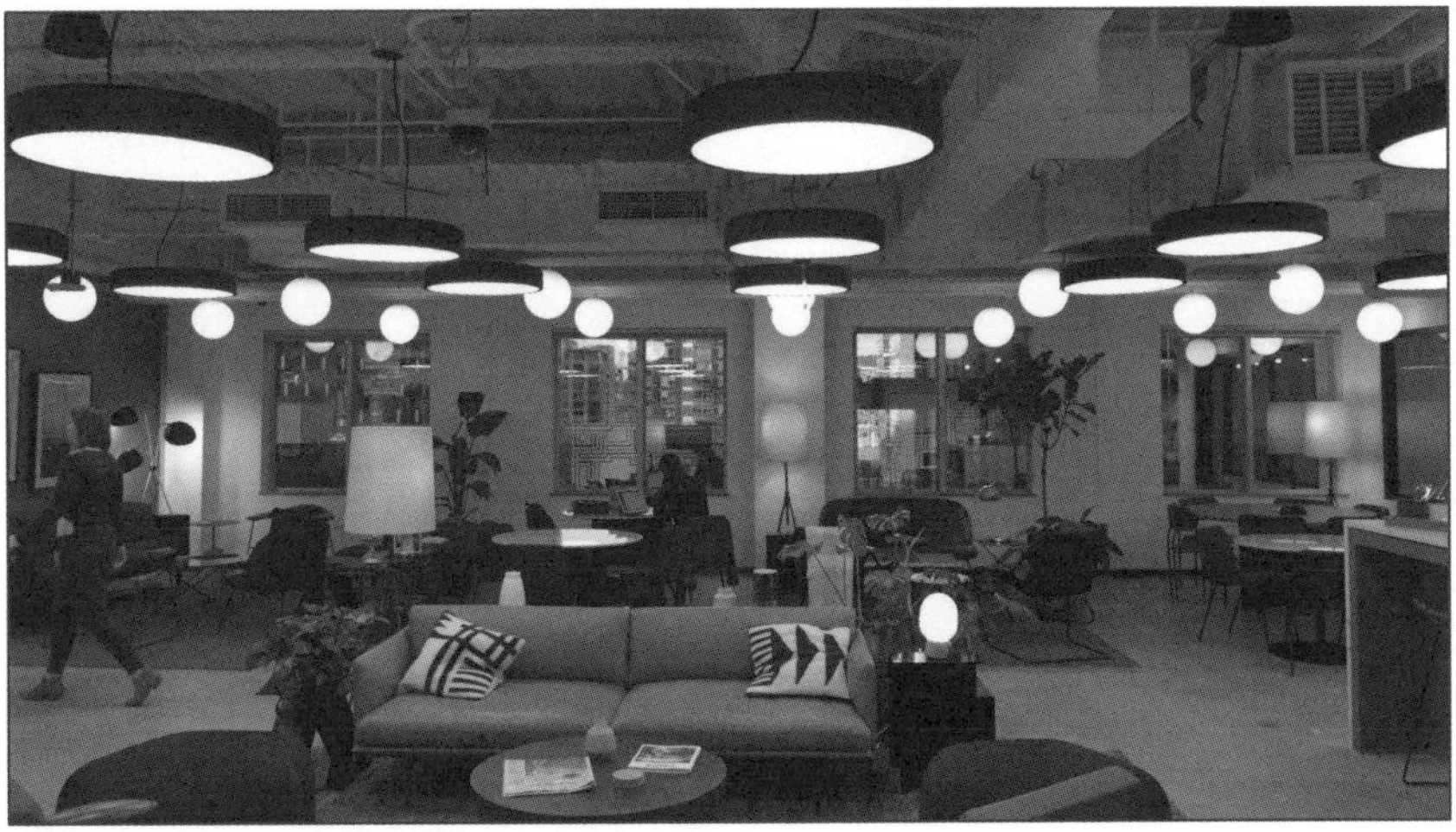

参照 https://www.industriousoffice.com/

き方」に変化が出てくることが予想されます。

パーソル総合研究所の「第四回・新型コロナウイルス対策によるテレワークへの影響に関する緊急調査」によると、テレワーク実施中の全社員約5000名に対して「働き方への要望」という調査をした結果、実に半数以上の方がテレワークを「続けたい」と回答しています。これは、「このような働き方を続けたい」と思う方が、男女ともに満遍なくいることがわかる興味深いデータです。

注目のコワーキングスペース紹介(アメリカ・ヨーロッパ)

ここからは、海外の注目コワーキングスペースをいくつかご紹介していきたいと思います。まずはアメリカです。上の写真が「Industrious」というコワーキング・シェアオフィスの事業者です。アメリカで展開していますが、50都市を超える場所で100カ所以上の空間運営を通じてサービスを展開しています。落ち着いたトーンで仕事ができるようになっており、コワーキングスペースのスタッフも入居企業のメンバーのように親身になって事業のことを一緒に考えたり、サポートしたり、ということをモットーに活動しています。

もう一つ、アメリカのコワーキングスペースで紹介したいのが「Hero City」です。こちらは、ベンチャーキャピタルが運営しているコワーキング・インキュベーション施設です。メンバーシップの内容としてはオープンシーティング(固定席を持たないフリーアドレス形式)があり、1カ月のアクセス回数を設定するという形式です。ベンチャーキャピタルが運営しているので、起業家のコミュニティに対してアクセスができるという特典が入っているのも特徴です。アントレプレナーのプログラムも提供されており、入居者の方は割安で参加できます。

引き続き、海外のコワーキングスペースについて紹介していきます。

アメリカのコワーキングスペース「SHACK15」

コワーキング・コミュニティで、湾岸沿いにある施設。グローバルパートナーの拠点が何日間か使用できる点も特徴の一つ。

参照 https://www.shack15.com/

ドイツのコワーキングスペース「betahaus」

Space as a Serviceといった形でイベントスペースとしても使用可能となっており、スペースの有効利用ができるのも特徴。

参照 https://www.betahaus.com/

ドイツのコワーキングスペース「COCONAT.」

ドイツのベルリンから1時間ほど離れた、森の中にある施設。森の中でもWi-Fiが使用できるので、どこでも働くことが可能。一定期間仕事しながら滞在する、グループで滞在する、手伝いながら滞在するなど、さまざまな関わり方ができるのも特徴。

参照 https://coconat-space.com/

コワーキング・バーチャルオフィス「smart office」

コワーキングスペースとバーチャルオフィス（事業用の住所の貸し出し）を展開している。半日単位や1カ月単位など、さまざまなパスが用意されており、利用者の方は多様な形で使用できるのが特徴。

参照 https://smartoffice.rs/

ポルトガルのコワーキングスペース「B-Hive Living」

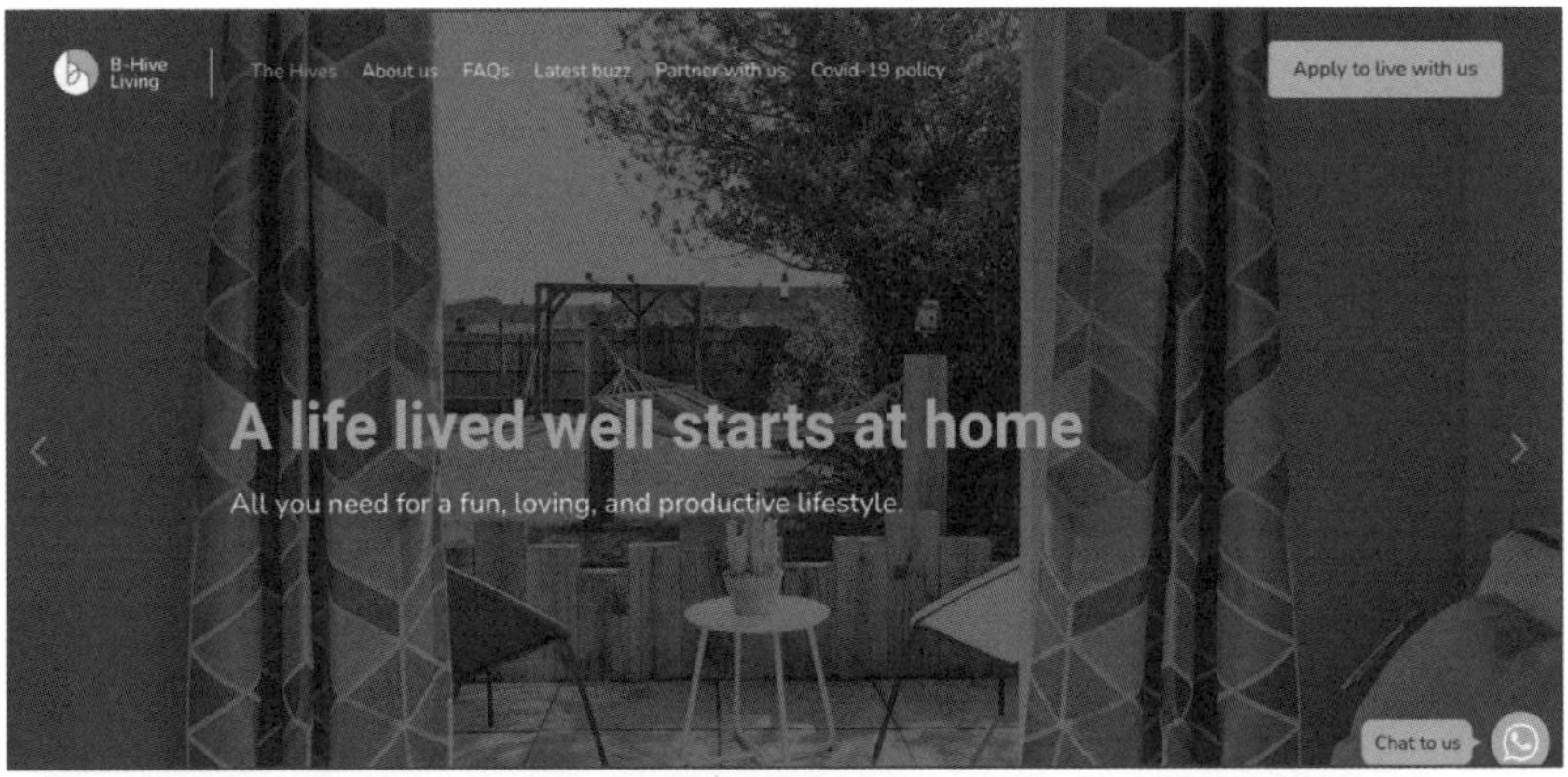

コリビング（職住一体型のシェアハウスで、個人の居住スペースに加えて、仕事や余暇を楽しむための共用スペースがあり、コミュニティに価値を置いた空間）と併設されたコワーキングスペースで、生活の中にコワーキングを作っていくという事業者。

参照 https://b-hiveliving.com/

スペインのコワーキングスペース「sun and co.」

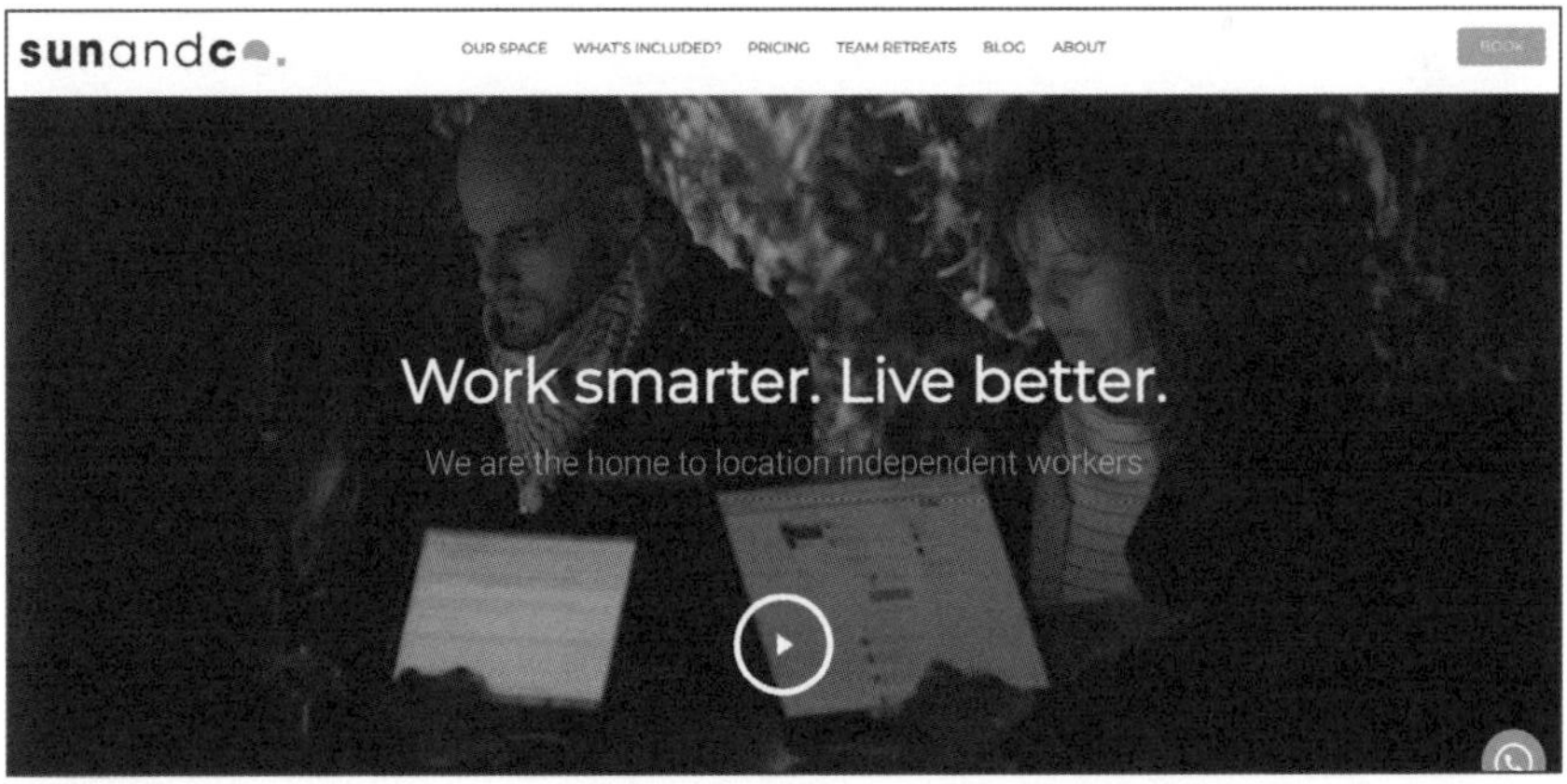

部屋を貸し切ったり、共用で使ったりすることが可能。このコリビングは、コワーキングも含めてチームのリトリート（仕事や家庭・人間関係などの日々の忙しい生活から離れ、心身をリセットする時間の過ごし方）としても使えるような施設があり、大企業による利用事例もある。

参照 https://sun-and-co.com/

ブルガリアのコワーキングスペース「Coworking BANSKO」

メンバーシップも非常にシンプルな形で提供されており、コミュニティが非常に強いところが特徴。
参照 https://coworkingbansko.com/

オランダのコワーキングスペース「Meet Berlage」

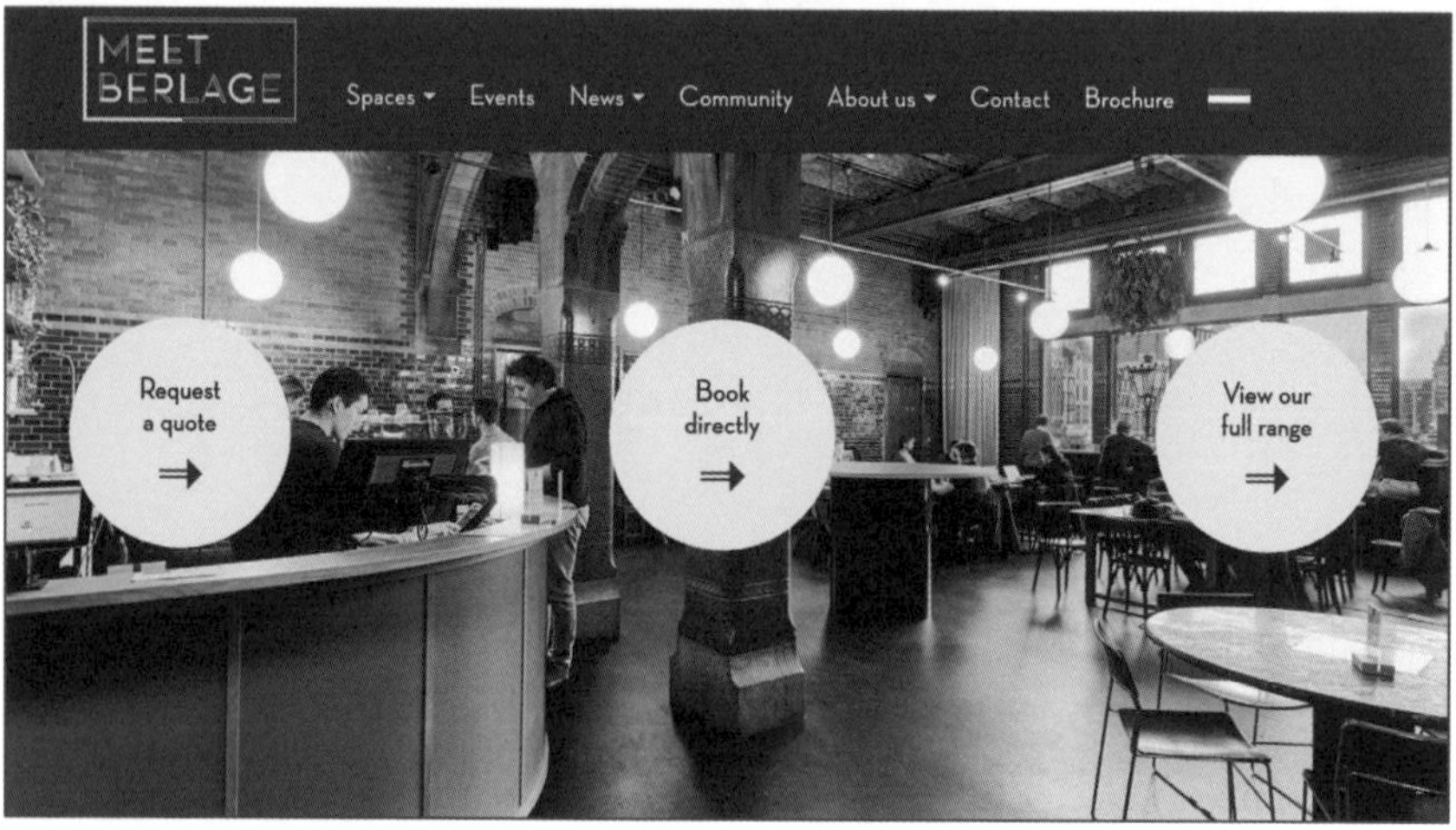

古い倉庫を改修して利用しており、室内も非常にすてきな空間となっている。コワーキングやイベントスペースとしても活用されている。
参照 https://meetberlage.com/

全世界のコワーキングスペースの数

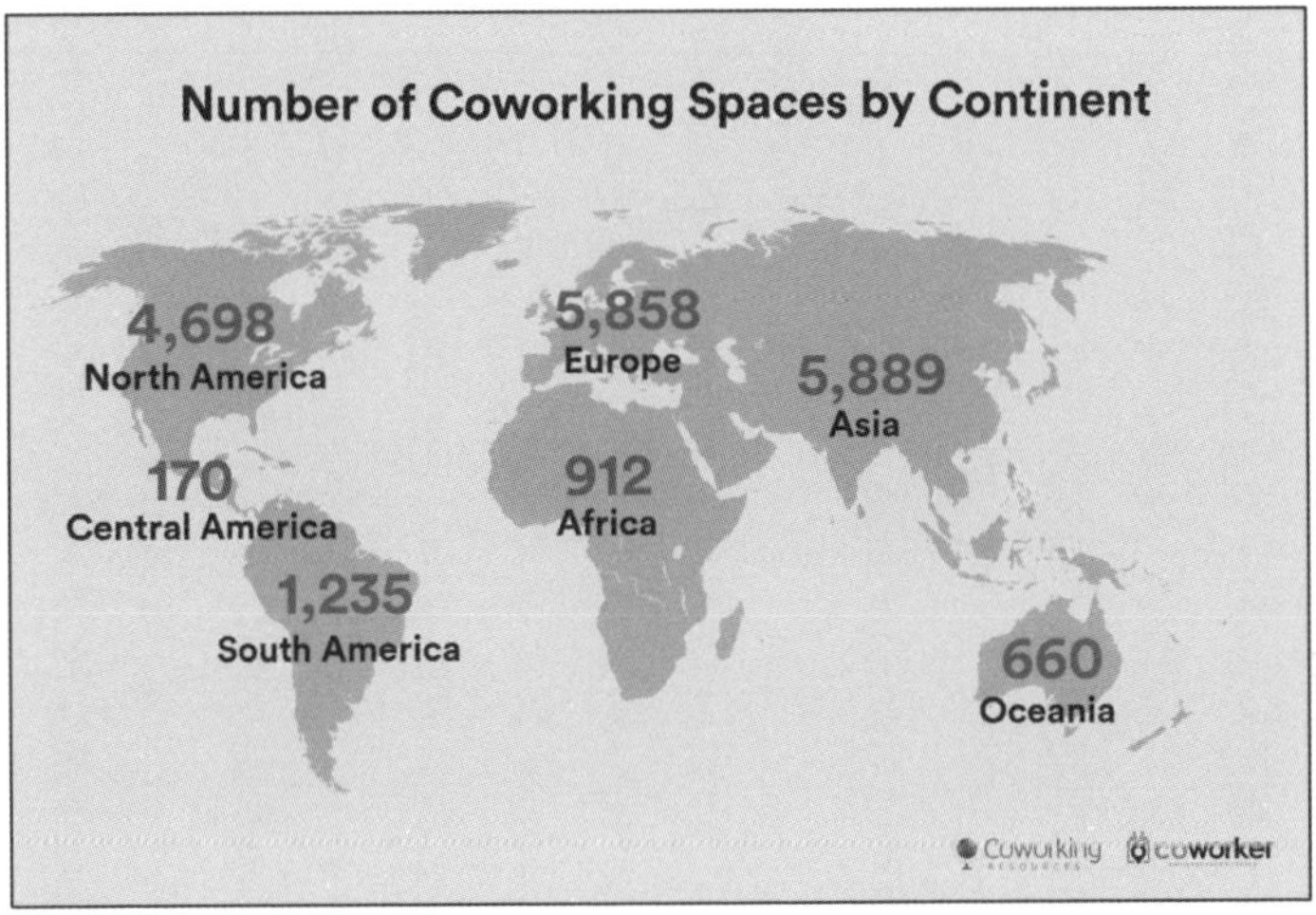

参照 https://www.coworkingresources.org/blog/key-figures-coworking-growth

以上、アメリカやヨーロッパのコワーキングスペースを紹介してきました。CoworkingResourcesという団体が実施した、全世界のコワーキングスペース数の調査によると、2020年時点で上の画像のような数のコワーキングスペースがあるといわれています。中でもアジアは5889カ所と、全世界的に見ても数が伸びています。

注目のコワーキングスペース紹介（日本）

次は、国内のコワーキングスペースをご紹介しますが、その前に概況について見ていきましょう。国内外では、一般社団法人コワーキングスペース協会の調べによると、現在2500カ所を超えるコワーキングスペースがあるといわれていますが、そのコワーキングスペースの役割は非常に多様です。

最近のトレンドとしては、郊外型やソロワーク向けの事業者が多く台頭しています。例えば、「BIZcomfort」は現在、全国で100拠点を超える場所を運営し、さまざまな場所との連携を進めています。

また、コワーキングスペースとは異なり交流の仕組みがないワークスペースではありますが、JR東日本は「STATION WORK」というサービスで個室ブースをどんどん展開しています。Web会議の増加により、その需要に合わせた個室を提供するということで、2025年に1000カ所の設置を目指して業務を拡大しています。

また、バーチャル空間で仕事ができるバーチャルコワーキングも活況を呈しており、日本では「みんコワ」で知られているバーチャルコワーキングの「みんなのバーチャルコワーキングジャパン」が代表格です。他にはプラットフォームとして、「oVice」や「SpatialChat」が大きく伸びてきています。「oVice」は直近で資金調達もされており、このようなバーチャルコワーキングサービスを伸ばしている事業者です。

ワーケーションでは、関連事業といった形でいろいろな事業者が出てきている点も特徴的です。なお、ワーケーションとは、Work（仕事）とVacation（休暇）を組み合わせた造語です。観光庁の定義では、テレワークなどを活用し、普段の職場や自宅とは異なる場所で仕事をしつつ、自分の時間も過ごすことを指します。また、余暇主体と仕事主体の二つのパターンがあります。

さまざまな事業者がコワーキング関連サービスを提供しており、さまざまな領域で事業者が活動しています。次の節でコワーキング関連サービスのカオスマップとして取り上げます。

続いて、日本のコワーキングスペースの中から、いくつか注目のスペースをご紹介します。

埼玉県のコワーキングスペース「コワーキングスペース7F（ナナエフ）」

埼玉県さいたま市の大宮駅近くにあるコワーキングスペース。2012年から運営している老舗のコワーキングスペースで、地域における創業支援や、地域活性化のためイベント、マッチングなどの取り組みも積極的に行われている。

滋賀県のコワーキングスペース「今プラス」

空間を仕切ることで「コミュニティ」と「集中できる場所」を両立する空間作りを実現している。また交流促進や起業イベントの開催、まちづくりとの連携なども積極的に行っている。

東京都武蔵野市のコワーキングスペース「コワーキングスペース Breath」

地域住民のコワーキング、またワークショップや子どもの見守りスペースなど、地域のコミュニティハブとしても活用されている。

埼玉県のコワーキングスペース「CAWAZ base」

立地が川沿いで、撮影やイベントの他、ワーケーション施設としても使われている。

福岡県のコワーキングスペース「糸島よかとこラボ」

非常にアットホームな雰囲気で、移住相談に来る方もいる。また九州大学が近く、大学生とのコラボレーションによる企画も積極的に行われている。

大阪府のコワーキングスペース「GRANDSLAM」

《成長・共創・つながり》を生み出す場所をテーマに、コワーキング・スペース・イベントスペース・レンタルオフィスなどの顔を持っている。

群馬県のコワーキングスペース「COCOTOMO」

自治体との連携が非常に強いことが特徴。運営者の方が地元出身で、子育てや女性支援、起業支援といった点での取り組みや、街のイベント等も手掛けている。地域のハブとして人気のある施設。

福岡県のコワーキングスペース「Fukuoka Growth Next」

コミュニティイベントも頻繁に開催されるなど、人が集まる取り組みも盛ん。官民共働支援施設ということもあり、行政にも気軽に相談できることが特徴。

群馬県のコワーキングスペース「NETSUGEN」

群馬県庁内にあるコワーキングスペースで、このスペースを基点に、アライアンスという形で県内のコワーキングスペース数十カ所をつなぐ活動や、創業支援など、地域活性化も盛んに行われている。

両国湯屋江戸遊の「湯work」

温浴施設である両国湯屋江戸遊が「湯work」と銘打ち、スパの施設内に併設したコワーキングスペース。

参照 https://www.edoyu.com/ryougoku/yuwork

また、スノーピークがキャンピングオフィスといったコンセプトでコワーキングスペースを提案しています。このように、さまざまな事業者がコワーキングスペースを運営しているのです。その他に、お寺や電車といった場所にもコワーキング・シェアオフィスがあり、どこでも働ける環境が整ってきているのが現状です。

コワーキングスペースは、共通の場所で設備をシェアし仕事をする場所、コミュニケーションを促進する仕組みのあるワークスペースであるといわれます。異なる企業に属する者あるいは個人同士が、共通の場で机、椅子、会議室などの設備をシェアし、利用者同士のコミュニケーションを促進するハード面およびソフト面の仕組みが構築されています。

先述のように、働き方自体が多様化しており、今後ますます、コワーキングスペースに求められる役割が広がっていくことが予想されます。

国内のコワーキングスペース業界の展望

今後のワークプレイス産業の展望という観点では、市場の展望としてはまず利用者のニーズ増加があります。コワーキングスペース業界全体の市場がハード、ソフト双方において、非常に伸びていると認識されています。ウィズコロナ、アフターコロナの時代に、明るくなるであろうという業界が少ない中、多数の参入事業者も見受けられ、働き方の選択肢の広さという文脈でも有望な業界です。

今後のコロナ情勢次第では、企業の方針により出社する人が一定数増えるかもしれませんが、少なくともコロナ前よりは不可逆的にテレワークやリモートワークが普及すると誰しもが感じています。そうなると、仮に会社の従業員が１００人いた場合、今までは１００人分の机と椅子を用意しておかなければなりませんでしたが、例えば5分の1の２０人分で十分という話になり、もともとのオフィスを縮小する傾向が見られます。その流れで、都内を中心にオフィスビルの空きが増えます。供給サイドの有効活用を考えると、大手不動産会社が自社施設でワークスペースを広げるという需要が一つあります。空間を有効活用するプレイヤーが、利用側、供給側の双方で増える見込みです。

一方で、コワーキングスペースの市場が成長すると、現状のコワーキングスペースに対する制限の少なさが、逆に問題を引き起こす恐れもあります。先述のように、現状コワーキングスペースには営業許可要件等がなく、日本国内において監督官庁がない状態です。現在のコワーキングスペースには特段の設備要件がありません。守るべき法律は消防法程度で、必要な設備やルールなど、「何を満たせばコワーキングスペースなのか」という定義が曖昧なのが現状です。極論すると、椅子と机があるだけでコワーキングスペースを名乗っても違反ではありません。そのような状況が続くと、「期待したサービスが受けられない」などの苦情が発生し、結果として誰の得にもならない規制が作られてしまうかもしれません。そうなる前に、自治体や国と連携して、業界としてコワーキングスペースの定義を発信していくべきです。

コワーキングスペースのガイドラインといえる一定の基準が続々とできていくと、運営側としても確認すべきポイントになっていきます。ガイドラインがあれば、開設の指針にできるようになり、事業者側も施設を作りやすく、運営にも活用できるようになります。一般社団法人コワーキングスペース協会では、団体として業界全体を整備していくべく、各省庁との調整を進めています。

コワーキングスペースは、１０年以上の歴史があるにも関わらず、今まで注目されることが少ない業界でした。ただ昨今は、コワーキングスペース開設に対する補助金・助成金がさまざまな形で存在し、コワーキングスペースの数が増えています。

働き方の変化の中で、空間自体のバリエーションが増えています。個室ブースのメーカーについても、海外のメーカーもあれば、日本製の木製の空間を作っているところもあります。働き方が多様になったことで、隙間時間に仕事をする場、集中する場、集うための場など、求められる要素が多様化したこともコワーキングスペースの特徴であり、今後の期待が高まる理由にもなっています。

Section 1-3

カオスマップでコワーキングスペース業界の全体像を俯瞰する

コワーキングスペース、シェアオフィス、個室ブース、ワーケーション、メタバースなど、「1-2 国内外のコワーキング事情」にも記載の通り、働く場所や働き方に関連したさまざまなサービスが登場しています。この章では、2022年6月3日にリリースされた、「世界のコワーキングサービス カオスマップ 2022年5月版」を参考に、コワーキングスペース業界に関連するさまざまなプレイヤーに関してご紹介していきます。

「世界のコワーキングサービス カオスマップ」について

本カオスマップは、一般社団法人コワーキングスペース協会監修の下、法人の働き方やワークプレイス支援を行う株式会社AnyWhereが独自に作成しているものです。このカオスマップの目的は、次の通りです。

- 国内外のさまざまなコワーキングサービスを知ってもらい、コワーキングスペースが働く場所の選択肢の一つに加わることで、社会全体の発展と生産性の向上に寄与すること

コワーキングスペース関連カオスマップ（2020年5月版）

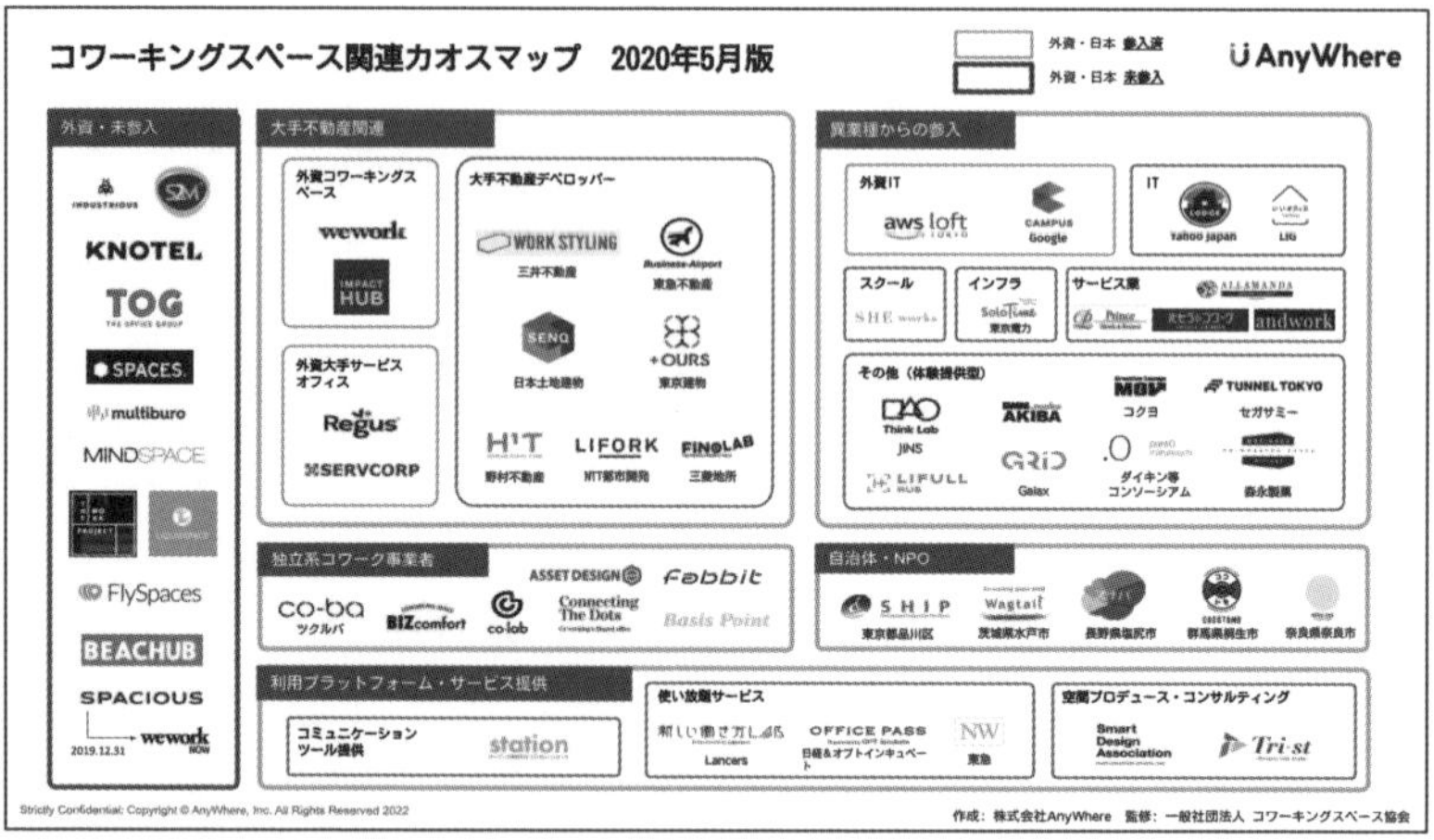

出典：株式会社AnyWhere

参照 https://prtimes.jp/main/html/rd/p/000000001.000056208.html

・多様化する働き方に合わせて、今までのオフィスや自宅に加えて、新たに働く場所の導入・検討を行っている法人やフリーランス、個人事業主の皆さまに、どのようなサービスがあるかを知っていただき、比較検討に役立ててもらうこと

年に一度のペースで作成しており、２０２２年５月版で３版目となります。空間・サービス・ＩｏＴと、コワーキングスペースに関連する事業者は多種多様になっており、異業種からの参入も盛んです。業界全体でどのような動きがあるのかを俯瞰することで、大きな流れを捉えることに役立てていただければ幸いです。

２０２０年のカオスマップ

２０２０年にリリースしたカオスマップでは、主にコワーキングスペースやシェアオフィス事業者を中心にピックアップし、掲載数は合計で５９

コワーキングサービス関連カオスマップ（2021年5月版）

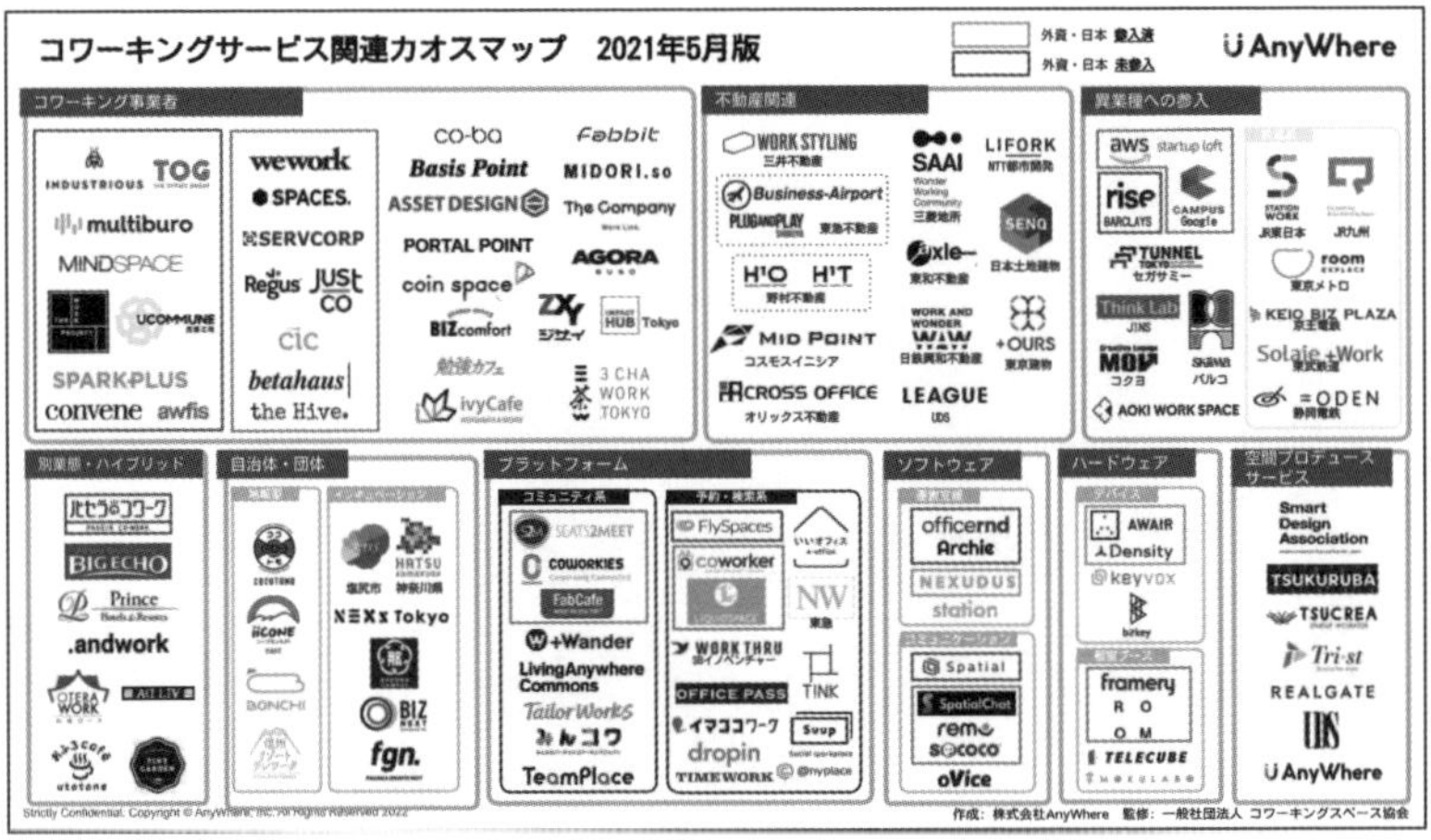

出典：株式会社AnyWhere
参照 https://prtimes.jp/main/html/rd/p/000000010.000056208.html

でした。のちのマップに比べると多くありませんが、業界にはどのようなプレイヤーがいるのか、どのような業態があるのか、他には働き方の多様化が進んでいることが盛り込まれています。

２０２０年当時、コロナ禍によるテレワーク・リモートワークの急進行に伴い、ハード面、ソフト面でさまざまな事業者の動きがあり、コワーキングスペース業界が大きく変容していました。その中、情報が分散されており全体像がつかめないという課題意識から、２０２０年のカオスマップを作ろうという動きになりました。

2021年のカオスマップ

２０２１年版では、２０２０年版に比べてピックアップしたサービスが約2倍に増えました。この年のカオスマップで表現していることとしては、「コワーキングスペースの市場規模が急拡大していること」や「プレイヤーの多様化」、「異業

パセラのコワーク

コロナ前からコワーキングスペースを展開していて、コロナ後はカラオケ店も個室のテレワークスペースとして利用できるように転換もしていた。写真は、「パセラのコワーク東神田店」。

種からの参入が多かったこと」、「コロナ禍によるテレワークの普及」、「大手不動産会社やインフラ系を中心に提携が強化されていること」がありま す。コロナ禍という大きな動きがあり、その中でのコワーキングスペース業界への影響は、大きく2点あったと考えられます。

1点はテレワークが半強制的に普及したことによる職住近接の需要の増加です。筆者（斉藤）も仕事柄コワーキング関連のニュースはアラートをかけてチェックするようにしているのですが、具体例を挙げるとWOOCの「BIZcomfort」やJR東日本の「STATION WORK」の拠点数の増加といった記事を目にすることが大変多く、テレワークに利用できる場所へのユーザー需要が急激に高まったことが理由として考えられます。

そしてもう1点は、コロナ禍で影響を受けざるをえなかった業種、宿泊事業者やカラオケ店などが一時的にでも業態を変更し、所有しているス

「おふろ cafe utatane」外観

温浴施設内に併設しているコワーキングスペース

全国に9店舗展開しているスーパー銭湯（温浴施設）の「おふろ cafe」では、お風呂以外でも長くくつろげるだけでなく、コワーキングスペース区画を用意している店舗もある。写真は、埼玉県さいたま市の「おふろ cafe utatane」。

ペースをコワーキングスペースや個室ブースなどの働く場所として提供するという流れです。この業態変化に関してはコロナ禍の影響だけではなく、いろいろな働き方改革やワークライフバランスへの取り組み、人口減やテレワーク・リモートワークの普及という大きな流れの中で起きた変化です。例えば、洋服店やキャンプ場、スーパー銭湯、電車やバスの中といったさまざまな空間がワークスペースとして利用できるようになるという流れがありました。

コワーキングスペースを取り巻く環境には多くの要素があり、例えば、「テレワークの普及」や「補助金・助成金」などが挙げられます。また、「人口減による遊休不動産」や、働く拠点の選択肢が広い「フリーランスやテレワークの人口の増加」という要素から、働く場所や地域人材のハブになるような拠点を整備し関係人口を増加させる取り組みとして、コワーキングスペースが関連する動きもあります。

また、コワーキングスペース事業にはさまざまなプレイヤーが参入しています。例えば、フリーランスや副業の人口が増えている中で起業率を上げたい自治体やイノベーションを創出したい企業が、インキュベーション機能を持つ施設としてコワーキングスペースを整備しています。

コワーキングスペースといっても、独立しているまたは異なる組織に属する利用者が交流しながら共に働く場所としての役割だけでなく、さまざまな要因が作用し合い、多種多様な意味合いを持つということを表現するものとして、２０２１年のカオスマップを作成しました。

コワーキングサービス関連カオスマップ（2022年5月版）

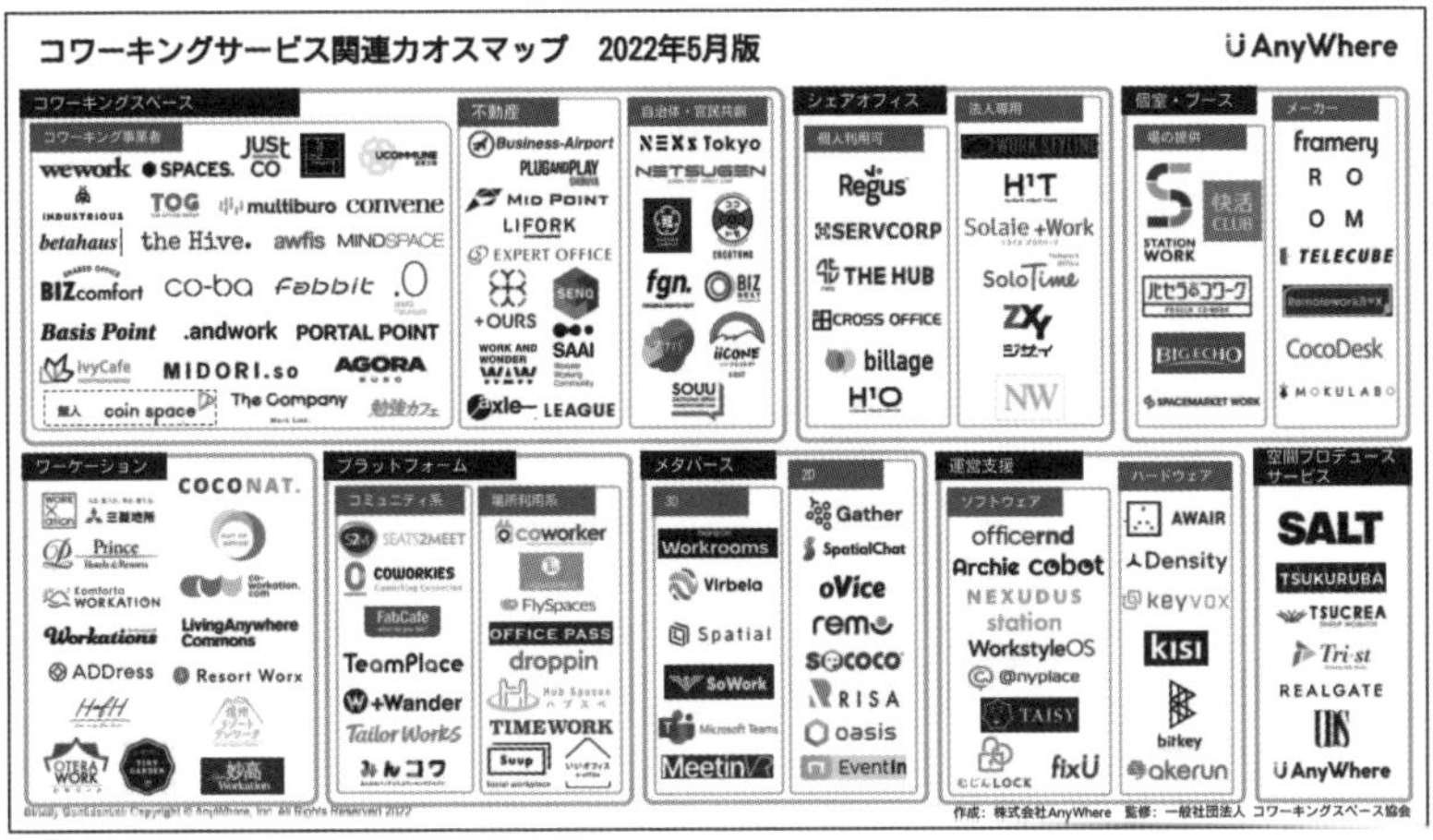

出典：株式会社AnyWhere
参照 https://prtimes.jp/main/html/rd/p/000000016.000056208.html

２０２２年のカオスマップ

続いては、現時点で最新版である２０２２年のカオスマップについてです。世界１９カ国、合計１３７サービスが掲載されています。サービス数は２０２１年からほぼ変化はありません。２０２０年にカオスマップを作成して以来の直近３年間において、コワーキングスペースの業界地図が大きく変わったかというと、多少の参入や撤退はあっても、そこまで変化は大きくありません。ただ、プレイヤーに大きな変化はなくとも、市場動向や社会の状況に変化がありました。

変化の一つとしては、コミュニケーションチャネルが多種多様となり、それに伴って個室需要が高まったことです。加えて、カオスマップ作成段階での調査を通じて非常に大きな流れを感じたのは、メタバースの市場が急成長していることです。また、ワーケーションの認知も拡大しており、これらの変化をメッセージとして込め、２０２２

年版のカオスマップを作成しました。

コワーキングスペースのサービス

２０２２年版のカオスマップを分類ごとに掘り下げて見ていきましょう。カオスマップのカテゴリーごとに、業界動向や施設サービスの裏側、成り立ち、どのような利用のされ方をしているのかなど、事例を挙げながらご紹介していきます。

コワーキングスペースのカテゴリーは、「コワーキングを主体とした事業者が行っているサービス」と、「不動産会社が母体になっているサービス」、自治体系・ＮＰＯなどの「自治体・官民共創のサービス」に分かれています。コワーキングを主体とした事業者として分類した中にも不動産会社はありますが、不動産会社の運営するコワーキングスペースには自社スペース活用型が多いため、その観点から他事業者と分類を行いました。

コワーキングを主体とした事業者が行っているサービス

「コワーキングを主体とした事業者が行っているサービス」として、外資系では「WeWork」や、オランダ発で現在世界で４００店舗・日本では８店舗を展開するリージャスグループの「SPACES.」、日本に最近参入したシンガポール発の「JustCo」、他には中国版WeWorkといわれている「Ucommune」を挙げています。また、アメリカの「Industrious」は、全米１００拠点以上展開しており、真剣なビジネスの場面にも対応できる空間と、メンバーの相談にも乗るホスピタリティの高いサポートが特徴的です。「The Office Group (TOG)」は、イギリス発のシェアオフィスサービスで、イギリスとドイツに50カ所以上のスペースがあります。

国内の事業者では、例えば「BIZcomfort」は不動産賃貸の仲介などを手掛ける株式会社WOOCの運営する施設で、首都圏を中心に全国100拠点を超えるワークプレイスを運営しています。「co-ba」は、2019年に東証マザーズ（現在は東京証券取引所グロース市場）に上場した、オフィス領域の空間プロデュースを軸とした事業企画・開発会社である株式会社ツクルバが運営する施設で、直営とフランチャイズのモデルで拠点数を増やしています。「fabbit」は、国内20カ所・海外2カ所、計22カ所の拠点と、約2万名の会員を有しており、主要都市および海外拠点との連携や会員間の情報交流が積極的に行われています。「Basis Point」は、もともとはコンサルティング案件の紹介等をしていたAscent Business Consulting株式会社が2014年に開始しました。コワーキングスペース、シェアオフィス、貸し会議室を運営しており、国内に11店舗、カンボジアに1店舗展開しています。

他には、「point 0 marunouchi」は、オカムラやダイキン、パナソニックなど大手企業が合弁会社を設立し、共同の実証の場として2019年にはじまりました。「BUSO AGORA」は、飲食事業を中心に事業展開をする株式会社キープ・ウィルダイニングが運営している、インキュベーション機能も持つコワーキングスペースです。「勉強カフェ」はもともと自習室という形からスタートしていて、現在はコワーキングスペースとしても利用されています。このように、出自が多様でそれぞれの経歴によって色が違うのも特徴です。

不動産会社が母体になっているサービス

「不動産会社が母体になっているサービス」に関しては、国際空港のラウンジのように落ち着いた内装で、コンシェルジュが常駐して質問や相談に対応してくれる、東急不動産の「Business-Airport」をはじめとして、同じく東急不動産の「PLUG AND PLAY」やコスモスイニシアの「MID POINT」、NTT都市開発の「LIFORK」、東京建物の「+OURS」など、各事業者がオリジナルのブランドで運営しています。

自治体・官民共創のサービス

「自治体・官民共創のサービス」としては、自治体の運営、支援するワークプレイスを挙げています。近年、日本各地で自治体の運営するワークプレイスが数多く登場しています。例えば、東京都が運営する、国内外の広域展開に挑むスタートアップのための事業インキュベーション施設「NEXs Tokyo」や、群馬県の県庁内にある新たなビジネスや地域づくりにチャレンジする人などが集まる、官民共創施設「NETSUGEN」、鹿児島県庁の最上階にある「窓 SOUU」などがあります。また、愛知県の廃校を活用したインキュベーション拠点で、創業支援や金融支援相談ができ、名古屋市も交えた官民一体運営を行っている「なごのキャンパス」や、群馬県桐生市で、若者・子育て世代の暮らしや仕事を支援し、市内のイベントや親子ワーケーションなども手掛けるNPO法人キッズバレイが運営する「コワーキング&コミュニティスペース COCOTOMO」、福岡県の廃校を活用した、創業支援に特化した官民共働型の施設として福岡市の「Fukuoka Growth Next (FGN)」、他には長野県塩尻市の「スナバ」

や長野県飯綱町の「いいづなコネクト」なども挙げています。

これらの3種類の分類は、名称としてはひとくくりでコワーキングスペースもしくはシェアオフィスといえるのですが、経緯や目的もさまざまであるのが興味深い点です。例えば、大手企業の運営する施設実証実験として使えるような場所や、これから起業する人たちが集まる場所、黙々と作業をしたいというようなニーズに応えた場所などがあります。また、行政の施設では、それぞれの自治体で創業支援をしたり、コワーキングスペースの利用によって関係人口が増え、最後は移住・定住につながったりするなど、一つひとつの施設の成り立ちによって集まる人が異なってきます。

テレワーク・リモートワークの浸透に伴い、現状市場規模が伸びていることもあるので、コワーキングスペースが近くにできれば競合する可能性はゼロではありませんが、それぞれの特色によって住み分けがあるという点が、業界の特性ともいえます。

海外の事業者もいくつか列挙していますが、やはりそれぞれ特色があります。日本に参入済みの事業者とそうでない事業者があり、例えば「Industrious」と「WeWork」は以前からライバルといわれていますが、生い立ちというかカルチャーが少し違います。「Industrious」の場合は、コミュニティマネージャーが「入居者の事業をどう支援できるか」ということにフォーカスしており、事業支援のプログラムも積極的に実施している点が特徴です。

シェアオフィスのサービス

続いてシェアオフィスのカテゴリーです。こちらは個人利用ができるところと、法人専用に分かれています。

個人利用

個人利用ができるところでは、まずは世界的に展開している「Regus」や「SERVCORP」があります。「Regus」はスイスに本社を置き、ロンドン証券取引所に上場する世界最大のワークスペースプロバイダーであるＩＷＧグループが運営しています。２０１９年に日本市場での運営を行う日本リージャスが、貸し会議室等を運営する株式会社ティーケーピーに買収され、話題になりました。そして、２０２３年からは、三菱地所株式会社の１００％子会社になっています。「SERVCORP」は、オフィス運営の簡素化を中心とした事業で、１９７８年にオーストラリアで創業されました。レンタルオフィス、コワーキングスペースなどのオフィスサービスを世界的に展開しており、日本では１９９４年から事業を開始しています。他にはオリックス不動産の運営する「CROSS OFFICE」やＩＣＴ事業を手掛ける株式会社ＭＪＥが運営する「billage」、野村不動産のサービス付き賃貸オフィス事業「Ｈ１Ｏ（エイチワンオー）」があります。野村不動産では、「Ｈ１Ｏ」以外に「Ｈ１Ｔ（エイチワンティー）」という法人向けの時間貸しワークスペースも運営しています。「Ｈ１Ｏ」は個人も利用できるということで、こちらに分類しています。

「H1T（エイチワンティー）」の店舗

「H1T（エイチワンティー）」の店舗内観。法人利用と、法人契約している従業員の個人利用に特化しているため、個室ブースが多い。

法人専用

法人専用では、三井不動産の運営する「WORK STYLING」や、先述の野村不動産の「H1T」、ザイマックスの「ZXY（ジザイ）」といった大手不動産事業者の運営するスペースに加えて、東京電力の「Solo Time」、電鉄系では東武鉄道の郊外型サテライトオフィス「Solaie +Work」や、東急の「NewWork」があります。「NewWork」に関しては、シェアオフィスを実際に運営しているというよりはさまざまなスペースを利用できるプラットフォーム的な意味合いが強く、2021年までのコワーキングサービス関連カオスマップでは「プラットフォーム」に分類していました。しかし「WORK STYLING」や「H1T」と比較されることが多いのに加え、直近では、NewWork直営店舗増加に力を入れていて、2022年9月時点で直営店が87店舗、提携店が64店舗と、数も増やしてきているのでこちらの分類としました。

「Ｈ１Ｔ」や「WORK STYLING」、「ＺＸＹ」の店舗数にかなり近づいています。

「Ｈ１Ｔ」や「ＺＸＹ」は店舗数を加速度的に増やしており、２０２２年８月時点で「Ｈ１Ｔ」は１５６店舗、「ＺＸＹ」は２５５店舗となっています。「Ｈ１Ｔ」は野村不動産、「ＺＸＹ」はザイマックスといずれも不動産会社の運営する無人型スペースで、法人のテレワーク・リモートワークやサテライトオフィス利用で伸びています。大手不動産会社を中心とした、全国数百店舗あるような「Ｈ１Ｔ」や「NewWork」の場合、連携してさまざまなコワーキングスペースをつなげるというプラットフォーム系の動きよりは、持ち合わせている不動産のノウハウを生かして、コントロールの利く直営店を増やすという流れになっています。プラットフォーム型でさまざまなコワーキングスペースをつないで「どこでも使えます」とする提携店と、直営中心の法人専用のコワーキングスペース・シェアオフィスとの違いが、最近では顕著に表れていると感じます。特に法人専用の施設では、セキュリティの観点から新店舗ができる度に個室ブースの数が増えている印象があり、その点も時節を反映していると考えられます。

法人利用者の方々が気にすることが多いのは、Ｗｉ－Ｆｉ環境などのセキュリティ部分です。法人利用の場合、会社がシェアオフィスと契約をして料金を支払いますが、利用するのは従業員になるので、人事総務の方々はその場所で作業をして情報が流出しないかということを気にします。問題としては、Ｗｉ－Ｆｉのセキュリティ上の脆弱性の他に、ショルダーハッキング（背後から画面などをのぞかれてしまうこと）といった問題などが挙げられます。他には、営業マンがテレワーク中のオンライン会議で、「お客さま相手にＷｉ－Ｆｉが途切れてしまっては話にならない」という声もあり、ハード面の充実が求められています。

法人専用の場所が多く出てきたのは、コロナ禍の特徴ともいえます。もともとコワーキングスペースは、企業の従業員が使うというよりは、小規模事業者やベンチャー企業、個人事業主などご自身で活動している方や、起業して間もない会社が入るという性質が強かった施設です。コロナ禍によって、多くの企業人が半ば強制的にテレワークをせざるをえない状況となりました。テレワーク本来の形は在宅ですが、日本では自宅で働けるように設計されている家が多くないという住宅事情もあり、自宅以外で働ける場所を従業員向けに提供する必要性が出てきたことから、こうした新しいタイプのワークスペースが2、3年で急速に増えたと認識しています。

ワーケーションのサービス

続いてワーケーションについてです。コワーキングとどういった絡みがあるのかと思われる方もいらっしゃるかもしれませんが、普段の場所ではない他の地域のスペースで仕事ができることがワーケーションの特徴です。事業者としては、ワーケーションの施設を運営したり、ワーケーションが可能な場所などを検索できるようなサービスが出てきたりしています。

具体的には、三菱地所の運営するワーケーション施設を探せる「WORK×ation」というサイトや、プリンスホテルがホテル客室をコワーキングスペースとして活用しているサービスがあります。他にはワーケーションのプラットフォームとして、株式会社スカラパートナーズの運営する

「KomfortaWORKATION」や、株式会社MOLEが提供している「Workations」などが挙げられます。「ADDress」や「HafH」は多拠点居住サービスとして、さまざまなところで暮らすように、旅に行きつつ仕事をするというスタイルを打ち出しています。「OTERAWORK」は、株式会社シェアウィングの運営する、お寺や関連施設を活用したマッチングサービスで、「TINY GARDEN」は、株式会社アーバンリサーチが運営する、長野県茅野市にある宿泊施設です。また、PerkUPの運営する「co-workation.com」は、法人の団体や研修をアレンジするサービスです。

海外に目を向けると、さまざまな施設やサービスがあります。ドイツにある「COCONAT.」は、ベルリンから100km、車で1時間半ほどのクライングリーンにあるワーケーション施設です。自然に囲まれた中で、集中して作業したり、リトリートプログラムに参加したり、思い思いの時間を過ごすことができます。宿泊しながら仕事ができる一般的なプランの他に、その施設で働きながらコワーキングするプランなどユニークなプランがあります。「OUT OF OFFICE」は、オランダのアムステルダムから100km、車で1時間半ほどのデーフェンターにあるワーケーション施設です。15室ありチームでのワーケーションに向いています。最低2日から14日間の滞在が可能ですが、施設側は4泊を推奨しています。3食付きで朝ヨガ、郊外ならではのサイクリングやキャニオニングなどの体験を提供しています。

他には、「LivingAnywhere Commons」や「Resort Worx」、「信州リゾートテレワーク」や「妙高Workation」といった体験を提供しているところや、場所を提供するサービスが、ワーケーションのカテゴリーに含まれています。

コワーキングスペース「Area898」

LivingAnywhere Commons横瀬

人口7,000人台の埼玉県秩父郡横瀬町にある町が直営しているコワーキングスペース「Area898」の横には、「LivingAnywhere Commons横瀬」が併設されており、ワーケーションを行っている人と町民との交流が生まれている。

日本では2015年前後に、総務省が移住・定住施策を進めていましたが、日本全体の人口が減ってきているため、最近は移住・定住という言い方よりも、関係人口の増加という言い方が多いと感じられます。例えば、「ADDress」や「HafH」、「LivingAnywhere Commons」のように、戸建住宅やホテルなどをメインにして毎月それぞれの地域に住み放題といった形を取ることで、関係人口を増やすという流れになってきています。日本人はどちらかというと長期よりも1カ所で1泊2日や2泊3日の旅行をすることが多く、ヨーロッパなどのように長期で旅行し、その間にどこか仕事場所を用意するというような文化はまだまだ薄いです。そのため、ワーケーションという新しい働き方を浸透させるべく、ワーケーションに対する補助金など、さまざまな取り組みが実施されています。また、日本全体の人口が減っていく中で、海外からの利用促進などといった、各種サービスの海外への展開も大変興味深いところです。

　ワーケーションの形としては、法人でグループとして集まるところももちろんあるでしょうし、今だとチームビルディングなどの要素で集まる機会もあると思います。一方で、家族と、または1人でどこか遠いところに行って働くことは、そこかしこで行われている印象です。他には、長野県の「信州リゾートテレワーク」や新潟県の「妙高Workation」など、地域に関わる人や地元の何かをテーマにして「親子で行けます」と訴求していたり、リゾート地では「こういう場所で仕事ができます」「地元の人との交流があります」というように訴求していたりするケースもあります。地域とどのようにコラボレーションをしていくのかも、大変興味深いテーマです。

　ワーケーションの中で地域とつながったり、地域の仕事に貢献ができたり、地域に対して子どもが愛着を持つようになって関わり続けたりした結果、何かとその地域を思い出すようになり、地域の関係人口になっていく流れもあります。また、法人の合宿的な利用や、ワーケーションで子どもに貴重な体験をさせるといった利用もあり、法人、個人ともに、活用の機会が今後増えると予想されます。

プラットフォームのサービス

プラットフォームとは、何かのサービスの提供やシステムの利用に必要な土台、元となる環境のことで、それ自体が何かを行うのではなく、複数をつなぐことで価値提供を支援する仕組みです。プラットフォームのサービスについては、大きく「コミュニティ系」と「場所利用系」に分けました。「コミュニティ系」としては、コワーキングスペースが検索できる中で、「人と人がつながれること」を打ち出しているものを分類しています。「場所利用系」は、シンプルに検索して場所を見つけることができ、さらに予約もできるといった、月額や定額で契約して、ある商品やサービスを利用できる、場所利用のサブスクリプションサービスを提供しているところです。

コミュニティ系

「コミュニティ系」の「seats2meet.com」や「COWORKIES」などは外資のサービスで、「TeamPlace」は国内のサービスです。他には「＋Wander」や「TailorWorks」、「みんコワ」があります。「seats2meet.com」は2005年にオランダではじまったヨーロッパのコワーキングサービスで、15年以上存在しているサービスです。ヨーロッパの約200カ所のコワーキングスペースなどの施設を掲載料をもらって紹介しつつ、ユーザーは無料で利用できます。「みんコワ」は、バーチャルコワーキングとして、みんなでインターネット上のバーチャルスペースで一緒に仕事をするという形で、場所を持たずに運営しているコワーキングサービスです。「TeamPlace」は場所に加えて人やイベントなどの「コト」の要素など、場にどのような人が集まるのか、どのような「コト」があるのかという観点で施設が紹介されています。

場所利用系

「場所利用系」では、2万カ所以上のコワーキングスペースを紹介する「coworker.com」や施設管理もできる「LIQUIDSPACE」、「FlySpaces」などが外資大手になります。「coworker.com」は3万カ所の世界中のコワーキングスペースが掲載されている巨大サイトで、最近はインスタントグループという会社に買収されるなどの動きがあります。「OFFICE PASS」は、月額19800円から東京都内を中心とした約650カ所のコワーキングスペースの自由席がいつでも利用できる、日本経済新聞社のシェアオフィス事業です。テレワーク導入など働き方改革を検討する法人向けのプランもあり、登録している方も多いのではないでしょうか。他には、NTTコミュニケーションズの運営する「droppin」や、Hub Worksが運営している「ハブスペ」、東京建物と日鉄興和不動産、日本土地建物が、不動産テックベンチャーと共同で開発した、企業を対象としたスペースシェアリングサービス「TIMEWORK」、東京都内を中心に100近くのカフェ・コワーキング・レストランで利用できる、ワークプレイス予約検索アプリ「Suup」、人々の働き方をもっと自由にするコワーキングスペースとして開業しフランチャイズモデルを含め全国に展開する「いいオフィス」などがあります。一方で、飲食店やホテルラウンジを月額5400円でワークスペースとして使い放題のサービス「WORK THRU」は2021年まではカオスマップに掲載していましたが、2022年6月に撤退しました。

「コミュニティ系」はコロナ前からあったものも多いですが、単純に場所を利用できる「場所利用系」のサービスは、数や立地の品揃えが肝要で競争が起こっています。差別化する要素としては、「誰が」「何を」できるかについて視覚化する流れや、人と人がつながるというもともとのコワーキングスペースの役割をよりWebサービスとして可能にする流れがあります。例えば「WeWork」や「Basis Point」などは、コワーキングスペースに来ている人たちに、現在空いている会議室の情報や入居者やイベントの情報など、施設やメンバーが見えるアプリを今も提供しています。このようなアプリを提供して人と人とがつながることは、新しいことが起きるきっかけが生まれる源泉になります。この流れが普及すると、仕事ができる場所以外にも、人間関係もどこに住んでいるのかは関係なくなっていくと思って見ています。

以上、コワーキングスペースに関して、スペースの種別やサービスの観点で見てきました。

コミュニケーションチャネルのシフト

急速に進むテレワーク・リモートワークですが、少し視点を変えて考えてみると、人々のコミュニケーションの取り方も同時に大きく変化しているといえます。ここ数年で、オンラインでのコミュニ

コロナ禍前のコミュニケーションチャネル

			仕事をする	関係を広げる・出会う	関係を深める
リアルの場	イベントスペース		―	◎ セミナー・交流会	○ 懇親会など
	シェアオフィス・コワーキング		△ 一部の利用	○ 交流会	○
	個室ブース		―	―	―
	自宅		△ 一部の人のみ	―	―
	自社オフィス		◎ 圧倒的多数	△ オープンオフィス	○ 社内コミュニケーション
	ワーケーション		―	―	○ 合宿利用
リモート・オンラインの場	テキスト		○ メール	△ Yenta	―
	テレカン	音声	○ 電話	△ 電話営業	―
		動画	△ 一部の社内打ち合わせ	―	―
	メタバース	2D	―	―	―
		3D	―	―	―

出典：株式会社AnyWhere

ケーションや、オンラインの場に参加するための個室スペース、そしてリッチな体験ができるリアルの場のニーズが強くなってきました。

次の図は、コロナ禍前と2022年時点において、主に企業や組織に属するビジネスパーソンの、リアルの場とリモート・オンラインの場を、活用目的で分類した図です。

場の活用目的は、「仕事をする」「関係を広げる・出会う」「関係を深める」と分類しています。リアルの場は、「イベントスペース」「シェアオフィス・コワーキングスペース」「個室ブース」「自宅」「自社オフィス」「ワーケーション」と分類し、リモート・オンラインの場は、「テキスト」「テレカン（音声・動画）」「メタバース（2D・3D）」と分類していま

2022年のコミュニケーションチャネル

			仕事をする	関係を広げる・出会う	関係を深める
リアルの場	イベントスペース		―	○ セミナー・交流会	◎ 感想会・チームビルディングなど
	シェアオフィス・コワーキング		○ 需要拡大	○ 交流会	△ 特別な場での打ち合わせ
	個室ブース		◎ テレカン需要	○ オンラインの場として	―
	自宅		◎ 普段の仕事・テレカン需要	○ オンラインの場として	―
	自社オフィス		○ やや縮小	△ オープンオフィス	△ 社内コミュニケーション
	ワーケーション		○ 導入企業増加	○ イベント・アクティビティ	◎ チームビルディング・合宿
リモート・オンラインの場	テキスト		◎ Slack・Teams	△ Yenta	△ Slack・Teams
	テレカン	音声	○ 電話・Discord	△ Clubhouse	△ Clubhouse
		動画	◎ Zoom などビデオ会議	◎ オンラインセミナー・交流会	△ オンライン社員総会など
	メタバース	2D	△ oVice など	○ オンラインセミナー・交流会	△ オンライン社員総会など
		3D	△	△ oVice・SpatialChat など	△ オンライン社員総会など

出典：株式会社 AnyWhere

す。

　コロナ禍前は、「仕事をする場」は自社オフィスが圧倒的多数でした。「関係を広げる・出会う場」はイベントスペースで行われるセミナーや交流会への出席、「関係を深める場」は懇親会、自社オフィス等での社内コミュニケーション、合宿といった団体での交流が主流だったといえます。また、リモートでのコミュニケーションはメールや電話が主でした。

　一方、2022年時点では、コミュニケーションチャネルは飛躍的に多様化しています。「仕事をする場」として、まずは自宅が候補として存在し、個室ブースでの作業やテレカンも挙げられます。またシェアオフィスやコワーキングスペースも認知が上がり利用が増加しています。一方、コミュニケーション方法もZoomやTeamsなどのツールが一般化したことにより、リモート・オンラインの場の数が飛躍的に増加しています。また、そのようなツールは、「関係を広げる・出会う場」として、オンラインセミナーやイベント、交流会でも利用されています。「関係を深める場」としては、直近では企業内でのワーケーション等、自社オフィスから離れた場所でのコミュニケーションが中心となっており、リアルで集まって集中的に議論したり、懇親を深めたりといったチームビルディングや合宿、もともと存在していたコミュニケーションが見直され、リアルで集まる価値や機会が見直されています。そのため、地方ではワーケーションが実施できる施設がオープンしており、また既存の宿泊事業者でも団体受け入れを工夫していたり、受け入れ側の整備も進んだりしています。さらにはメタバースといったバーチャル空間も人気が出てきており、今後のコミュニケーションチャネルはさらに進化していくものと予想されます。

テレワークのメリット・デメリット

帝国データバンクの「企業がテレワークで感じたメリット・デメリットに関するアンケート」によると、テレワークを実施した企業は全体の約３０％で、そのうちの半数近くがデメリットのほうが多いと感じています。主なメリット・デメリットは次の通りです。

メリット

・通勤時間や移動時間を有効活用できる
・新型コロナの感染を防げる
・ワークライフバランスを実現できる
・効率・生産性が上がる。仕事がはかどる
・交通費や出張費などの経費削減ができる

デメリット

・社内コミュニケーションが減少する。意思の疎通が困難
・できる業務が限られる
・進捗や成果が把握しにくい
・業務効率が落ちる。トラブル時の対応遅延

・取引先や顧客との意思疎通や親密な対応が困難

メリットを感じている部分もある一方で、半数近くの企業はデメリットのほうが多いと感じている実情があります。しかし、テレワークによるコミュニケーション不足に関しては、コワーキングスペースやシェアオフィスなどの人がいる場所で仕事をすることで解消でき、、企業側の勤怠管理システムの整備やコワーキングスペースの入退室管理システムの充実などの対応も進んでいます。

また、メタバースなどの急成長に伴い、従業員のコミュニケーション不足解消のためにバーチャルスペースの利用が進んでいます。サービスは国内外問わず多く、オフィス空間として使っているサービスからイベント付きのもの、メタバースといわれる3次元のゲーム的な要素が多いもの、リアルなアバターを作って入れるものなど、非常に多種多様です。3次元も増えていますし、一方で、システム的に使いやすさを追求した結果、2次元に戻したというオフィス空間もあるなど、活用の動きが活発になっています。

周辺サービスとしては、ZoomやSlack、Discordも含め、場所や距離の概念を超えてつながるサービスの市場が急成長しています。バーチャルオフィスに関してはどこまで市場に含めるのかによりいろいろな市場予測の金額が出ていますが、一様にいえるのは伸び率が著しいということです。

ここまで、2020年から2022年まで、コワーキングスペースのカオスマップとその変遷をコミュニケーションやテレワーク・リモートワークといった社会の状況を交え紹介しました。コワーキングスペース業界には多様なプレイヤーが存在しており、引き続きさまざまな動きが予想されます。

Chapter

2

集客

Webとリアルの2つのアプローチ

Section
2-1

マーケティング：Webとリアルの集客

コワーキングスペースを運営する中で、まず頭を悩ませるのが集客の問題です。コワーキングスペースという箱を作ったけれど、利用者がおらず閑古鳥が鳴いてしまい、結果的にコミュニティもできず営業自体も立ち行かなくなり潰れてしまう。そうならないためにもコワーキングスペースにおける集客はとても重要な要素となります。この節ではコワーキングスペースのWeb、そしてリアルの集客方法をご紹介します。

なぜ誰もコワーキングスペースに来ないのか

コワーキングスペースをはじめる前は、「オープンするだけで、利用者が来てくれる」という幻想にとらわれるかもしれません。ですがコワーキングスペースという箱を作っても、誰にも知られていなければ利用されることはありません。日本全体でもコワーキングスペースの認知度はまだまだこれからです。その中で新たにコワーキングスペースを作ったとしても、多くの人が訪れて利用するという可能性は、限りなく低いといえます。

また、もし実際にコワーキングスペースを使ってもらえれば、その場所に「お金を払ってでも使いたい」という価値を感じてもらえるかもしれません。ですが、使ったことがない人にとっては、「オフィスや自宅でもできる作業を、なぜわざわざ外でしなければいけないのか」という気持ちのハードルを越える必要があります。せっかくコワーキングスペースのことを知ってもらったとしても、使ってみるというハードルを越えることができず、結局使われないという結果につながってしまいます。

つまり、コワーキングスペースの集客をする場合は、まず「知ってもらう」というステップ、そして知ってもらってから「使ってもらう」という二つのステップをクリアする必要があります。どちらもクリアすることでコワーキングスペースに人がやって来て、そこからやっと初めて、コミュニティを育むための土壌ができます。もし運営するスペースに人が来ない場合、どちらかのステップをクリアしていない、またはどちらもクリアしていない状況が考えられます。ここでは、その二つのステップを、Ｗｅｂとリアルを通じてクリアする方法をご紹介します。

Ｗｅｂ編：コワーキングスペースを「知ってもらう」ための方法

初めに、Ｗｅｂを通じてコワーキングスペースを知ってもらうための方法について、説明していきましょう。まず基本として用意しておきたいものは、次の通りです。

- コワーキングスペースのＷｅｂサイト

Webサイトの例（「今プラス」の場合）

参照 https://start-now.link/

- ポータルサイトへの登録
- Googleビジネスプロフィールへの登録
- Instagram、Twitter、LINE、FacebookといったSNSのアカウント
- YouTubeのアカウント

これらを用意する理由は、コワーキングスペースを知ってもらうための入り口を複数用意し、それぞれのＳＮＳやＷｅｂサイトしか使っていない人にも情報が届くようにするためです。それぞれについて、一つずつ詳しく解説していきます。

SNSアカウントの例（「コワーキングスペース7F（ナナエフ）」の場合）

「コワーキングスペース7F（ナナエフ）」のFacebookページ。「いいね！」数が1万以上あり、Facebookページからの集客もある。

参照 https://www.facebook.com/office7F

Webサイト

Webサイトは、作るだけでは意味がありません。最低でも次のキーワードと地域名（都道府県単位）との組み合わせで検索順位が上に表示されるようにしましょう。これは、後述するSNSでも同様です。

・コワーキングスペース
・シェアオフィス
・Wi-Fi
・電源
・ワークスペース

他にも、「リモートワーク」や、地方だと「自習室」というキーワードも集客に有効です。このような、コワーキングスペースを使う人が調べるキーワードで検索結果の上位に表示され、ニーズに合わせた情報を提供できれば、効果的にコワーキングスペースを知ってもらうことが可能です。検索で表示されないということは、検索した人からすれば、そのコワーキングスペースがどれだけ立派で、駅から近く、アクセスがよくても、存在しないのと同じことになってしまいます。都道府県単位での上位が難しい場合は、駅や市の名前などで上位を狙っていくとよいでしょう。

ポータルサイト

コワーキングスペースの情報がまとまっているポータルサイトへの登録もしておきましょう。都道府県単位の地域名と「コワーキングスペース」のキーワードを掛け合わせて検索すると、上位に表示されているポータルサイトも多く、登録するだけでその中にリストとして表示されるようになります。コワーキングスペースを比較してみたい、まとめて見たいというニーズに対して、こうしたポータルサイトからの流入はとても有効なため、ぜひ登録しておきましょう。

また、もし余力がある場合は、地域におけるコワーキングスペースのポータルサイトを作ったり、まとめ記事を書いたりするのもよいでしょう。そうすることで、自分のスペースへの流入はもちろんのこと、「コワーキングスペース」という存在を地域全体へ周知する効果があります。

Google ビジネスプロフィール

Googleビジネスプロフィールに関しては、登録するだけでなく、最低でも10件を目標にコメントを集めておくことが重要です。そうすることで、コワーキングスペースの評価を知りたい方に対して信頼度を高めることができ、他者評価による説得力を作れます。

SNS

続いてSNSも、Instagramや Twitter、LINE、Facebookは必ずアカウントを作成しておくべきツールです。これらのSNSは、普段の情報発信を簡単に行えます。また、それぞれのSNS内でコワーキングスペースを検索したときにも、アカウントを作成しておくことで表示されるようになります。「今プラス」では、一つのコンテンツをそれぞれのSNSに合わせてカスタマイズして投稿していま す。そうすることで投稿の手間を省くことができ、各種SNSを通してコワーキングスペースの日常や風景を伝えることが可能です。

YouTube

YouTubeについては利用風景のイメージがわかるショート動画を作ってサイトに埋め込んだり、ショート動画を媒体としたSNS広告を出稿したりすることで、コワーキングスペースの雰囲気を伝えられます。コワーキングスペースで動画を活用している事例はまだまだ少ないため、ショート動画やYouTube活用は、今後の種まきという意味でもよいでしょう。

Web編：コワーキングスペースを「使ってもらう」ための方法

Webを使って、コワーキングスペースを知ってもらう土壌ができたら、続いて実施したいのは「使ってもらう」ための仕掛けです。ちなみに、この「使ってもらう」仕掛けは、次に挙げる内容がすでに達成できている場合に有効です。もしまだできていない場合は、まずこれらを整えるところから取り組みましょう。

1. 「コワーキングスペース＋地域名」で検索したときに、運営するスペースが上位に表示されている
2. 「コワーキングスペース＋地域名」で検索して表示されるポータルサイトに、運営するスペースのサイトが載っている
3. Googleビジネスプロフィールで「コワーキングスペース＋地域名」で検索したときに、自分のページが表示される。写真や動画も掲載され、口コミが10件以上載っている
4. 各種SNSが公開されており、それぞれのアカウントのフォロワー数が300を超えている
5. それぞれのSNSが最低でも週3回更新されている

この土台ができたら、次は「使ってもらう」ためのPRとなります。具体的には、コワーキングスペースの利用者層への情報提供です。例えば、外出先でリモートワークできる場所を探している層には、オンライン会議が可能な部屋や、一時利用の料金と利用方法、Wi－Fiの回線速度の情報を提供することが有効です。コミュニティ重視の層であれば、コワーキングスペース内でのコミュニティの情報を伝えるのもよいでしょう。

「今プラス」で行っている方法としては、「自習」「シェアオフィス」「ワークスペース」、そして「コワーキングスペース」というキーワードごとに情報を絞ったWebサイトを作ってそれぞれのニーズに合わせた情報を提供し、さらにSNS広告を出稿しています。そうすることで、コワーキングスペースを知ってもらうだけでなく、使いに行きたくなる動機を作れます。

知ってもらう、そして使ってもらう確率を、日々Webを通じて高めていくことで、コワーキング

スペースの利用者を増やし、事業としても成り立たせることが可能です。

リアル編：コワーキングスペースを「知ってもらう」ための方法

続いては、Ｗｅｂ以外のリアルな方法でのコワーキングスペースの周知、集客です。リアルな集客方法としてよく思いつくのは、印刷物による折込やポスティング、リーフレットの店舗設置などですが、基本的にポスティングや折込は、Ｗｅｂ集客に比べると即効性は低い傾向にあります。都市部に行くと、コワーキングスペースに来る利用者の商圏範囲がより広くなりやすいので、効果が薄まる傾向にもあります。また、地域にもよりますが、交通広告も一つの方法です。大通りや駅構内に看板を設置し、「〇〇で検索」と記載してＷｅｂサイトへと誘導できます。

リアルな集客方法として実施しておきたいのが、二つ。それが後述する「イベント集客」と、「口コミによる集客」です。リアルにおける集客で一番効果があるのは、やはり口コミです。街中にコワーキングスペースができた後、「あのスペースってどんなスペースなんだろう？」という評判が知り合いづてに流れていくことで、入りにくかった場所も入りやすくなっていきます。

ただ、そうなるためにはコワーキングスペースにおける「口コミをしたくなる仕掛け」を作っておく必要があります。「コワーキングスペース」という場所を作っただけでは、利用されるケースは少ないままです。口コミが増えると、コワーキングスペースの認知度も高まり、新規の利用者数も増えていきます。コワーキングスペースの受付などのような目立つ場所に、Googleビジネスプロフィールの口コミを誘導するチラシを作って配置しましょう。ただその場合も、印刷物にあまりお金をかけすぎないようにしましょう。コワーキングスペースを運営していくにつれて状況も変わるので、大きくてもA4三つ折りのリーフレットや、はがきサイズの両面のものでもOKです。

ちなみに「今プラス」の場合は、毎年多くの高校生がコワーキングスペースを利用していきます。1年間のトータルの会員数のうち、全体の3割ほどとなる30〜40人ほどの高校生が月額会員として利用しているのですが、その多くは同級生や先輩からの「あそこは勉強がはかどるスペースだよ」という口コミが大きな動機となっています。それも、今プラスから「口コミをしてほしい」と促しているわけではありません。利用ニーズにはまった設備やサービスを提供できていれば、自然発生的な口コミを作れます。

リアル編：コワーキングスペースを「使ってもらう」ための方法

リアルなイベント開催は、コワーキングスペースの認知度を高め、使ってもらう確実な方法です。スペースの特徴やコンセプトに合ったイベントだと、その後の集客につながる可能性が上がります。ただ、毎週単発のイベント開催に大きな労力を注ぐことは、あまり得策とはいえません。おすすめなのは、「定期開催できて、コミュニティ形成につながるイベント」または「大規模イベント」の開催です。例えばプログラミング系のイベントは、定期開催がとてもしやすく、コミュニティも作りやすい部類です。「今プラス」では、毎週土曜日に2時間、スタッフも含めて各自が自由にプログラミン

コワーキングスペースにおけるイベントの様子

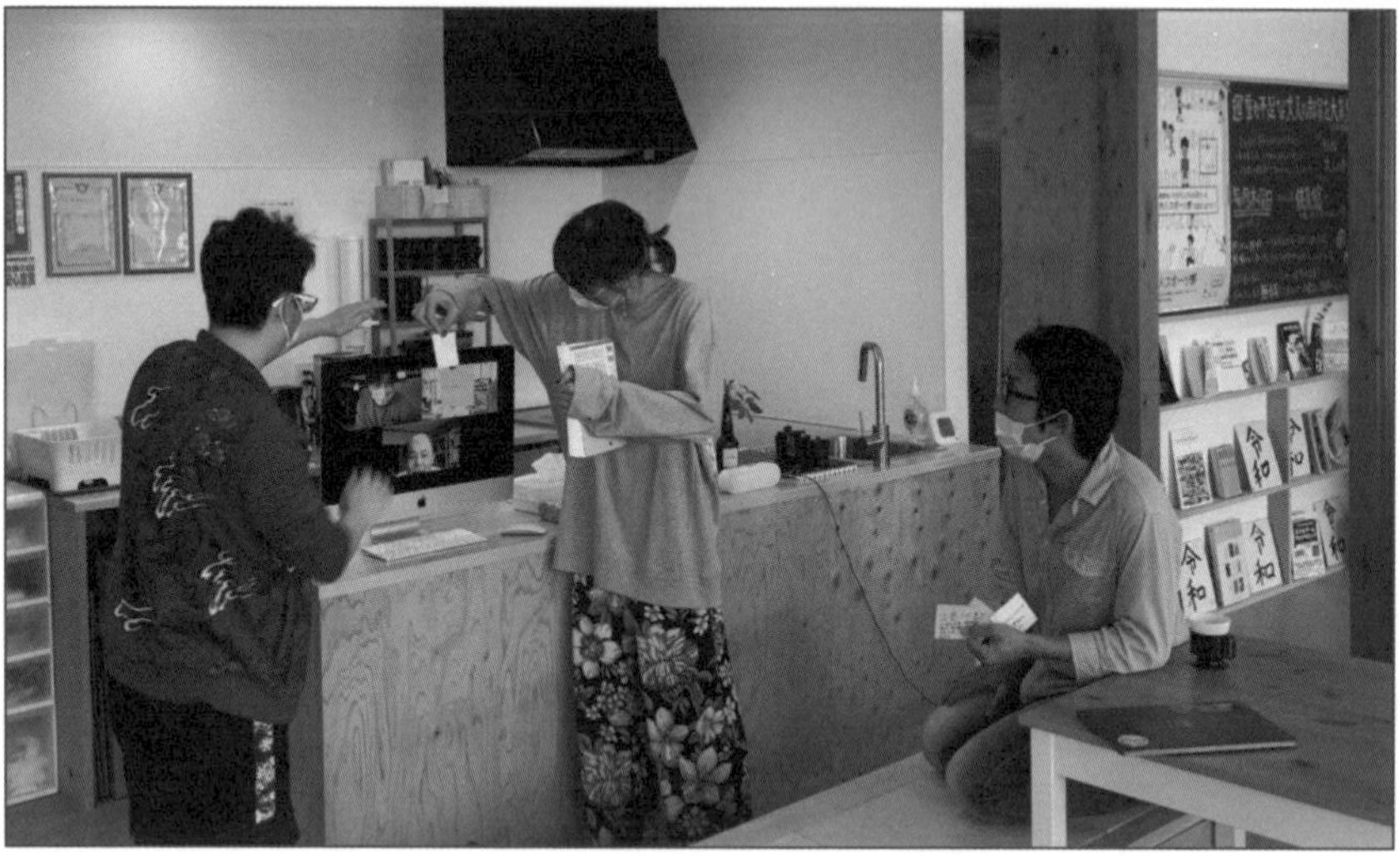

グを行い、最後に成果を発表するというイベントを開催しています。すでに2年以上続いており、スタッフがいなくても常連の方がイベントを進めてくれるほどに、小さなコミュニティが作られています。またイベントの内容が明確なため、その内容につられてコワーキングスペースを使いにきた人が、そこから会員になるというケースもあります。

他に、参加人数が５０人超のイベントを大々的に開催するのもおすすめです。その場合、クリエイター向けの勉強会や、新たな技術に関する勉強会など、その地域でのアーリーアダプターに向けたイベントを開催するとよいでしょう。イベントを通して、コワーキングスペースを知ってもらい、使ってもらう。イベントの回数も、定期的に行う小さなイベントから、月一などの頻度で開催する大きなイベントまで、労力と効果のバランスを見ながら開催し、集客につなげましょう。

Chapter

3

コミュニティ

利用者の交流とイベント運営

Section
3-1

コミュニティ

Coworking Space は直訳すると「共に働く場所」という意味があります。仕事自体は自宅やカフェでもできますが、そこにいる人たちの対話を通じてコミュニティが生まれていくのがコワーキングスペースの面白い部分です。この節ではコワーキングスペースにおけるコミュニティがどのようにできて、さらに成長していくのか、また、その先に生まれるものは何かについて紹介していきます。

コワーキングスペースにおけるコミュニティとは？

コワーキングスペースにおけるコミュニティは、仕事をする、勉強をするというそれぞれの目的だけを達成することと、さらにその場にいる人たちとの会話・交流が起きることで生まれます。このコミュニティは、大きく三つに分類することができます。

1. フリーで生まれたコミュニティ
2. テーマ性を持ったコミュニティ
3. スペースとして求められるコミュニティ

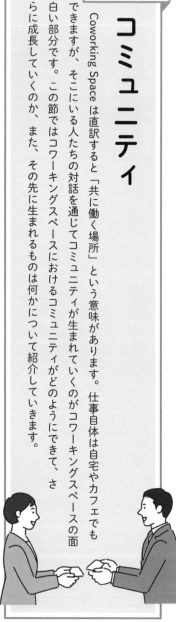

一つ目の「フリーで生まれたコミュニティ」は、コワーキングスペースにいる人たちが偶発的な出会いや雑談から交流し、仲を深めていった先にできるものです。コワーキングスペースという場の特徴として、そこを使っている人は業種も年齢も、そして目的もかなり多様であることが挙げられます。それぞれの興味関心も異なっているため、そこで生まれた雑談は職場や学校などでは得られないものです。また、そういうコミュニティが生まれやすいコワーキングスペースは、家でも職場でもない「サードプレイス」としての役割も持ち、コワーキングスペースを選ぶ際の差別化要素としても大きな意味があります。

コワーキングスペースを単なる作業する場と捉えてしまうと、偶発的な出会いや雑談がそもそも発生しないため、「フリーで生まれたコミュニティ」はなかなか生まれにくくなってしまいます。そのため、コミュニティマネージャーによる人と人との間のハブ的な関わりや、スペース運営の設計による雑談が発生しやすい仕組み作りが必要となります。

二つ目の「テーマ性を持ったコミュニティ」は、「プログラマーの集まり」「起業家の集まり」「女性専用のコワーキングスペース」といった共通の属性から生まれます。一つ目の「フリーで生まれたコミュニティ」と異なり、ある程度似た属性の人たちが集まるコミュニティとなるため、同じ職業や、同じ悩み・近い考えの人を探している人にとっては、そのコワーキングスペースを使うきっかけとなります。

ただし、人口規模の大きくない市町村にあるコワーキングスペースの場合は、注意が必要です。コミュニティ自体のテーマ性を絞りすぎてしまうと、そもそもの利用者の母数が少ないため、コミュニティができても数人規模という状況になってしまうデメリットも存在します。

三つ目の「スペースとして求められるコミュニティ」とは、コワーキングスペース立ち上げの目的に即したコミュニティを指します。行政の主導や第三セクターによって作られたコワーキングスペースに多く見られます。コワーキングスペース自体のテーマが決まっていることが多く、あらかじめそれらの属性の人たちを集める・使いやすくするためのハードとしての設計が行われています。コワーキングスペースの運営についても、事業としての売上より、どれだけ目的に沿ったコミュニティを作れているかが重要になります。

コワーキングスペースとしてどのようなコミュニティを作っていく必要があるのか、さらにエリアや周りの環境、またコワーキングスペースという事業を通して何を達成したいかによって、作るべきコミュニティも変わっていきます。ここからは、それぞれのコミュニティの作り方、そして育て方について説明していきます。

フリーで生まれたコミュニティ

「フリーで生まれたコミュニティ」の多くは、おおむねコミュニティマネージャーやスタッフ、ま

フリーで生まれたコミュニティの例

た常連となる会員から生まれます。理由は、いきなりその場にいる人同士が雑談をはじめるハードルが高いためです。利用者同士をつなげるハブとなる存在を介して雑談がはじまり、話したことのある人同士がスペースを定期的に使い続けることで、だんだんとコミュニティが育っていく流れが生まれます。

　このような流れは、まさにコワーキングスペースに期待される「偶発的な出会いや雑談から生まれる、創発的なコミュニティ」の理想的な形です。そうしたコミュニティを作るために必要な要素、またコミュニティが生まれていく流れや育み方を紹介していきます。

必要な要素

　「フリーで生まれたコミュニティ」に必要な要素は、「定期的に利用する会員・利用者」、そして「コミュニティマネージャー」（スタッフがいない場合はハブとなる管理人的存在）です。

なぜこれらが必要になるのか。それは、スペースで仕事をしたいという目的の人たちだけを集めても、雑談という最初のステップが生まれないためです。会話が生まれなければ、コミュニティも形成されません。まず母数として「コワーキングスペースを利用する人」がいることが重要であり、さらにそれらをつなげる「ハブとなる人」がいることで、雑談が生まれ、コミュニティが育まれていきます。

コワーキングスペースが日本で生まれはじめた２０１０年から２０１６年ぐらいまでは、そういったハブの役割を担うのは、スペースオーナーまたは最初から使い続けている利用者が多かったのですが、最近ではコミュニティマネージャーを常時配置するスペースが多く、そこからコミュニティが生まれていく傾向にあります。

コミュニティの作成ステップ

フリーのコミュニティを生まれやすくするポイントとして、最初にまず意識しておきたいのが「あいさつが自然に生まれる導線設計」です。会話は最初が一番切り出しにくいものですが、スペースを利用する際のあいさつが自然に発生すると、そこから会話のハードルが少しずつ下がっていきます。

具体的な導線設計の一例として、最初に入ってきたときの受付と、コワーキングスペース内のオープンな空間を一緒にしてしまうという方法があります。「今プラス」ではあえて受付の場所自体を作らず、オープンな空間にスタッフもいて、そこから入退室された方にあいさつをするようにしています。そうすると、スタッフ以外の人も自然と他の人にあいさつをするようになり、会話へのハードルを下げられます。ハードルが下がった状態だと、ちょっとした気になったことも話しかけやすくなり、そこから顔見知りという関係性へとつながっていきます。

それぞれの利用者が顔見知りである環境を作ったら、次のステップでコミュニティを育む流れを作っていきます。

コミュニティを成長させる

コミュニティが生まれる基礎ができた後は、利用者同士での日常のコミュニティが無理なく育まれるようにします。その際に有効なのがイベントです。「今プラス」では、「大人スポーツ部」「人人プログラミング部」というテーマの異なるイベントを毎週開催しており、それぞれスポーツやプログラミングを通して交流していく流れを作っています。目的を持ったテーマを作ることで、フリーのコミュニティが生まれた後も共通の興味から会話や交流が生まれていきます。

さらに、スペース内にキッチンがある場合は、イベントの後で一緒にご飯を作って食べるというのも、手っ取り早く仲よくなる方法です。また、利用者の趣味関心をつなげることでコミュニティが広がるとコミュニティマネージャーが判断した場合は、適切に情報を開示して、より交流が持てる仕組みを作っていくことも重要です。

コミュニティを作り、さらに成長させることで、スペース全体で大きなフリーのコミュニティが生まれる他、その中でつながった人同士により小さなコミュニティが生まれていくこともあります。自分の

テーマ性を持ったコミュニティの例

運営するコワーキングスペースに会話がまったくない、コミュニティが全然ないと感じている方は、まずは「あいさつ」が自然に生まれる仕掛けを作り、そこから雑談へと成長させ、コミュニティが生まれていくことを目指していきましょう。

テーマ性を持ったコミュニティ

「テーマ性を持ったコミュニティ」とは、特定の業種業態の人による集まりなど、共通の属性や目的を持った人たちによるコミュニティです。このようなコミュニティで多いのは、コワーキングスペース開設時に「こんなコミュニティがあったらよいのに」とテーマを決めて作るケースです。そんな「テーマ性を持ったコミュニティ」を作るために必要な要素、生まれ方、そして育み方を紹介していきます。

必要な要素

「テーマ性を持ったコミュニティ」を作る場合、まず必要なのはテーマをどこに定めるかということです。さらに、そのテーマにおけるイベントを主導してくれる利用者や知見を持つ人物を確保しておくことをおすすめします。知見を持つ人物に関しては、スペースにいる頻度が高い利用者で、さらに他の方の意見を尊重できる方だと、コミュニティ内での発言のハードルも下がり、コミュニティを広げやすくなります。

また、定めたテーマをコワーキングスペースのコンセプトとするのか、それともあくまでスペース内の一つのコミュニティと位置づけるのか、についても考えておくとよいでしょう。

ただし、先述したように、スペースが位置する地域が人口規模の大きくない地域（例えば人口が数十万人以下の市町村）の場合、テーマを絞りすぎると、スペースを利用する母数をより狭めてしまう点に注意してください。その場合、事業として立ち行かなくなるだけでなく、そもそもコミュニティの広がりを阻害してしまう可能性もあります。

コミュニティの作成ステップ

テーマを決めた後に行うのは、コワーキングスペースが位置するエリア内で、そのテーマのニーズが本当にあるのかを確かめることです。そのために、まずは初心者も参加できる勉強会のようなイベントを開催するとよいでしょう。

「今プラス」では、プログラマーの集まりを作るために、毎週「大人プログラミング部」を開催しています。イベントを定期開催することによって、初めてプログラミングをする方から本職のエンジニアまで、幅広い人たちに参加してもらっています。最初は参加人数が少なかったとしても、定期的な開催を続けることで参加者は少しずつ増えていき、そこから「テーマ性を持ったコミュニティ」の広がりを作ることができます。

コミュニティを成長させる

最初のイベント開催でコミュニティの中心になるコアメンバーを確保できたら、次はコミュニティをより広げていくための情報発信、さらには定期開催への動きを作っていく必要があります。コミュニティのテーマに関心がある人へと情報を届けるために、ＳＮＳを中心にＷｅｂサイトと掛け合わせて情報を発信していくとよいでしょう。

情報発信する内容は、定期開催のイベントの告知と報告です。イベントを主軸に発信していくことで、よりテーマ性に沿ったイベントが開催できるようになったり、参加者が増加したりといった効果が期待できます。また、参加者が増えていくことは、結果的にコミュニティ内でのメンバー層にグラデーションを作ることにもなり、よりテーマ性を高めた専門的な集まりから、初心者も参加しやすい裾野が広い集まりまで作ることができます。

スペースとして求められるコミュニティ

近年、コワーキングスペースは民間が作るだけではなく、行政主導による施設や、新しくなった庁舎内に設けられるというケースもあります。その場合、「関係人口の増加」や「地域住民の憩いの場所」、「創業支援の場」など、スペースに求められる目的が明確に存在することが特徴です。

ですが先述した通り、政令指定都市より小さい規模の地域でテーマを限定したコミュニティを作ろうとしても、そもそも利用者が少ない、利用率が低い、誰も集まらずにコミュニティが生まれないという危険性があります。そこでここでは、スペースとして求められる目的が明確な場合に、どうやってコミュニティを作っていくのかを紹介していきます。

必要な要素

特に地方では、行政の遊休施設を活用する場合などに、「建物ありき」で利用者目線では利便性が高くない場所にコワーキングスペースが作られるケースも存在します。そのような場合にスペースに必要な要素を考えるとき、重要なのは「諦める部分」をしっかり把握しておくことです。

例えば、政令指定都市よりも少ない人口の街で、次のような条件のケースを考えてみます。

- 車で20分以内に人口15万人以上のマーケットが存在しない
- 駅から10分以上離れてしまう

・坪サイズが40坪以下

このような条件の場合、あくまで持論ですが、諦める要素としては「コワーキングスペースを日常的に多くの人に使ってもらうこと」が挙げられます。その施設にとって達成が難しい要素まで求めていくと、結果として中途半端な施設となってしまいます。そうならないために、まず諦めることをしっかりと把握した上で、コミュニティ形成のためにスペースとして求められるソフト・ハード面を揃えていきましょう。

ここからは、「今プラス」での運営経験を踏まえて一例として「創業者や起業したい人が集まるコミュニティ」を題材にお伝えします。まず、ソフト・ハード面の要素として、次のものが必要です。

・住所利用、法人登記ができるようにしておく
・市内の起業家としてハブになる人材をコミュニティマネージャーとして配置
・4人用の会議室を2部屋作る
・1人用の半個室を作る
・2～3人用の個室空間を作る

また、プラスアルファで、これらの空間と同サイズのイベントにも使えるオープンスペースを作っ

ておきましょう。これらを揃えた上で、次にコミュニティを作るための仕組みを作っていきます。

コミュニティの作成ステップ

続いて、これから創業・起業したい人が、コミュニティに「行ってみてもよいかも」と思うような流れを作ります。コミュニティの作成ステップとして行うのは、ハブとなる人材と創業者との1対1の関係を10組ほど作ることです。

そのような関係が作れたら、次はそれぞれの人たちを交わらせるピッチイベント（参加者が短いプレゼンテーションを行うイベント）と交流会を行っていきます。そうすることで、お互いの事業について話す機会ができ、自然な流れで交流できます。

理想的なのは、このようなピッチイベントと交流会を定期的に開催すること、そして毎回同じ人だけが参加しない状況にすることです。毎回同じ人たちだけが参加してしまうと、限られた人だけのコミュニティとなり、広がりを作ることができません。違う顔ぶれに参加してもらうためには、「紹介制度」を設けることをおすすめします。一度ピッチした人に、誰か創業したての人や創業したい人を紹介してほしいと伝えて、参加者の比率を半分は前回と同じ人、半分は違う人になるように調整しておくとよいでしょう。

コミュニティを成長させる

注意しておきたいのが、「ピッチイベントに参加した人がコワーキングスペースを日々使いにくるわけではない」ということです。どちらかというと、ピッチイベントだけは毎回参加するけれど、コワーキングスペースを使うことはほぼない、という人が増えていくでしょう。

ただ、回数を重ねていくことで、明らかに変わることがあります。それは、「交流した創業者の数」がどんどん増加していくということです。そうすると、交流した創業者の中から、「こんなイベントを開催したいと思うけれどできないだろうか」というリアルな空間を活用したアイデアを持った人が出てくるようになります。

会議室、そしてイベントにも使えるオープンスペースをあえて作るのは、ここで必要になるからです。少人数でイベントを行う際、またはある程度人数が増えた際に使える空間を用意しておくことで、コワーキングスペースが「一度利用したことがある場所」として選ばれるようになっていきます。交流した創業者に使用される回数が増えていくと、会議の場所やイベントの場所としてさらに多くの創業者・起業予定の方に使われることになります。定期的に交流できるイベントを開催できれば、コワーキングスペースを使いたい、1人でも固定席が欲しいという方は必ず増えていきます。

これは、施設の目的が「関係人口の増加」や「女性への起業支援」の場合でも同じことがいえます。それぞれの属性の人たちに「毎日の作業場所として使ってもらう」ことを最初の段階で諦めておくことで、まずは交流される人の数を増やしていき、「結果的に」毎日使いたい人を増やすという流れを作ることができます。

Section
3-2

イベント運営・コミュニティ形成

コワーキングスペース運営で欠かせないのがイベントの運営です。イベントの開催については、自ら主催する形と、自分たちは開催せず場所を誰かに貸して開催してもらう形に分かれます。また、イベントはコワーキングスペースの認知度を高める側面もあります。ここでは、コワーキングスペースにおけるイベントの開催方法や種類について説明していきます。

イベントを行う目的

コワーキングスペースにおけるイベントの目的としては、大きく三つほどあります。

1. コワーキングスペースの認知度向上を目的としたイベント
2. コワーキングスペース内における新しいコミュニティの形成を目的としたイベント
3. スペースの収益を高めるためのイベント

このうち、一つ目のコワーキングスペースの認知度向上が目的の場合は、開催することでコワーキングスペースへの集客を行い、地域の方やこれから利用者になりうる属性の方にコワーキングスペースという存在を知ってもらう形になります。コワーキングスペースを使ったことがない人にとって心理的ハードルとなるのが、「興味はあるけれど、自分が行っても大丈夫だろうか？」という不安です。そこで、イベントをきっかけとして実際にコワーキングスペースに来てもらうことで、ハードルを下げてもらい、次のコワーキングスペースの利用につなげていきます。

注意事項は、「コワーキングスペースを普段から使いたい」という利用者層と、「イベントの時しかコワーキングスペースに来ない」という利用者層は異なる場合もあるという点です。実際にイベントに来てみたからといって、その利用者がすぐにコワーキングスペースの会員になるかというと、その確率は正直高くはありません。イベントの目的を認知度の向上とする場合は、過度な期待はしないでおきましょう。

また、イベントを定期的に開催すると、ある程度常連になっていく人もいますが、毎回顔ぶれが一緒ということもありえます。もちろん、それはそれでコミュニティを育てていくためにも必要な要素です。そこにプラスアルファとして、イベントごとに新しい人が毎回3割から5割は入っていくことを意識するとよいでしょう。そのためにも、自分たちだけでイベントを行うのではなく、可能な限りさまざまな人に使ってもらうことで、コワーキングスペースの利用者層に多様性を作っていく必要があります。

続いては、イベントの主催や目的に応じた、それぞれのパターンにおけるイベントの集客や開催方法に関して紹介していきます。

コワーキングスペースが主催するイベントの例

コワーキングスペースが主催で行う場合×認知度向上をはかる場合

まず、コワーキングスペースの認知度向上をはかるために開催するイベントについて説明していきます。コワーキングスペースを作ったけれども誰も来ない、全然利用者がいない、地域の利用者層への認知が低いという場合に行う方法です。

イベントの内容

目的がコワーキングスペースの認知度向上なので、イベントの内容については、そもそもどんな人に認知してもらいたいかを考えておくとよいでしょう。例えば次のような形で、どんな属性の人に知ってもらいたいかをしっかりと決めておくと、イベントでどんなことをすれば適切なのかが見えてきます。

・エンジニアの方たちへの認知度を高めたい
・フリーランスの方たちへの認知度を高めたい
・士業への認知度を高めたい
・まちづくりに関心がある人への認知度を高めたい

イベントの内容を考える際は、最初に認知度を高めたい利用者層を定めておき、次にその層の利用者に対してユーザーインタビューを行い、どんなことで困っているか、どんなことを知りたいと思っているか聞いてみましょう。その困りごとを解決できるイベントを開催すると、イベントの集客がかなり楽になるのに加え、イベントの組み立ても行いやすくなります。

例えば、フリーランスの方に対してコワーキングスペースの認知度を高めたい場合、まずはそもそもフリーランスの方がどんなことに困っているかを尋ねます。もし「地域での仕事の取り方がわからない」という課題を感じているとしたら、地域でクリエイターとして活動されている方を講師にお呼びして、どんな風に仕事を獲得しているのか、集客しているのかを聞けるイベントにするとよいでしょう。そうすると、同じ属性のフリーランスの方を集めることができ、その中で交流が生まれ、コミュニティが形成されていきます。また、フリーランスの方の中にそもそも「コワーキングスペースを使いたい！」というニーズがあるはずなので、イベントでコワーキングスペースの使い方やメリットなどを紹介しておくとよいでしょう。

「コワーキングスペース7F（ナナエフ）」で開催された勉強会イベントの様子

IT系の勉強会イベント。埼玉県地域のデザイナーやエンジニアやWeb制作者などが集まる。

勉強会後の懇親会の様子

おすすめのイベント

コワーキングスペースの認知度を高めるには、次のようなイベントがおすすめです。

・集めたい客層に対する、課題解決型のイベント
・事業プレゼンイベント
・交流系イベント

これらのイベントは目的が明確なこともあるため、コワーキングスペースを知らずとも、そのイベントに参加したいという動機で来てもらうことが可能です。また、どの利用者層でも「課題と感じている部分」「交流したい部分」は普遍的にあるので、こうしたイベントは集客しやすいこともメリットです。

注意しておくこと

注意しておくべきことは、イベントを定期開催したときにいつも同じメンバーにならないようにすることです。もし同じメンバーになってしまった場合、そもそもの「コワーキングスペースの認知度を高める」という目的が達成できません。

そこで行うこととしては、定期的に開催するのであればイベントのテイストを変える、または紹介制にするというのがよいでしょう。そうすることで、参加するメンバーも毎回変わっていき、コワー

キングスペースの認知度を高めるという目的にもつなげられます。

コワーキングスペースが主催で行う場合×新しいコミュニティを作る場合

続いて説明するのは、コワーキングスペースが主催で、さらに新しいコミュニティを作りたい場合のイベントについてです。先ほどと異なるのは、目的が「コワーキングスペースの認知度向上」ではなく「新しいコミュニティを作ること」である点です。この場合、イベントの内容はどんなものがよいのか、そしておすすめのイベントの形や注意しておくことについて説明していきます。

イベントの内容

コワーキングスペースというリアルな場所に対して、新しいコミュニティを作る。そのコミュニティ作りを目的にしたイベントを開催する場合、必ずしもその開催場所がコワーキングスペースでなければいけない、というわけではありません。テーマを持ったコミュニティを作り、その中心としてコワーキングスペースがあれば、スペースの認知も広がっていきます。コミュニティのテーマを決める際は、あなたが運営するコワーキングスペースにはどんなテーマのイベント・コミュニティがふさわしいかをまず考えてみるとよいでしょう。

プログラミング系イベントの例

子ども向けプログラミング道場「CoderDojoさいたま」の様子

「コワーキングスペース7F（ナナエフ）」で毎月開催されている、子ども向けプログラミング道場「CoderDojoさいたま」の様子。

おすすめのイベント

コワーキングスペースとして欲しいコミュニティ、あったら嬉しいコミュニティが見いだせたら、次はイベント開催内容を決めていきましょう。

例えば「今プラス」では、「エンジニアが集まるコミュニティ」が欲しいというところから生まれ、毎週開催している「大人プログラミング部」があります。こちらはプログラミングをやりたい、新しいプログラミング言語でモノづくりをしたい人たちが2時間黙々と作業を行い、最後に発表するというイベントです。毎週、4人から多いときは10人ほどの人たちが集まり、プログラミングに集中する2時間を送っています。

また、コワーキングスペースという場所から離れますが、体育館を借りて開催している「大人スポーツ部」というイベントもあります。こちらも週1回の開催で、スポーツというテーマを元に老若男女が集まって、スポーツを楽しむというコミュニティです。こちらはコワーキングスペースにどんな変化をもたらしたかというと、この大人スポーツ部に集まったメンバーで、お祭りイベントなど地域のイベントを行ったり、コワーキングスペース外でのまちづくり系の活動を実施したりしました。

このように、テーマに合わせたコミュニティを作ることは、コワーキングスペースにその属性の人たちを集めるだけではなく、地域を絡めた新しいつながりを生み出すこともできます。

注意しておくこと

「コミュニティを作りたい」という漠然とした目的でイベントを作ると、コミュニティが継続しにくいという注意点があります。コミュニティの属性をある程度作っておきつつ、そのコミュニティ自体には広がりを持たせていくほうが、コミュニティが健全に育っていきます。「コワーキングスペースにコミュニティを作りたい！」よりも、「〇〇について興味・関心のある人が集まる（に活用してもらえる）コワーキングスペースにしたい」と考えて、そこから逆算してどんな内容のイベントを開催するのがよいかを考えておきましょう。

レンタルスペースとして開催してもらう場合

ここでは、コワーキングスペースが主催するのではなく、レンタルスペースとして使ってもらう場合における集客方法や、イベントの内容について説明していきます。

イベントの内容

レンタルスペースとして貸し出してイベントを開催してもらうことの主なメリットは二つあります。一つがコワーキングスペースのコミュニティとは別の属性の人たちに使ってもらうことで認知度を高められること、そしてもう一つがコワーキングスペースとしての収益につなげられることです。

収益側の話は「Chapter5. 収益化」で詳しく説明していますが、レンタルスペースとしての利用は時間単位が一般的で、スペースを借りた時間に応じて収益に結びつけられます。近年は、「レンタルスペースをはじめたい！」という場合の集客方法として、「スペースマーケット」や「インスタベース」

などのポータルサイトも立ち上がっており、登録さえ済ませておけばポータルサイト経由での集客が可能です。

また、もう一つのメリットである、レンタルスペースを使って新しい属性の人からの認知度を高められるという点は、スペース運営において大きな効果を発揮します。

「今プラス」のケースでは、「元歯医者さん店」(湖南市)ではレンタルスペースは2階にある完全個室型の部屋なのですが、鍵の受け渡しを1階のコワーキングスペース側で行っています。そのため、必ずコワーキングスペースという存在を知ってからレンタルスペースを利用することになります。そのときはレンタルスペースの利用者ですが、後日コワーキングスペースに仕事や自習などで使いに来る方も多くいます。レンタルスペースとして貸し出して「収益性を高められる」、そして「認知度を高められる」ことは、とても大きなメリットです。

イベントの内容はレンタルスペースを借りる側が決めるのですが、椅子に座って学ぶ教室系からパーティー、ダンス教室など多様なものが開催されるため、共通して必要な備品として、椅子や机の他、ホワイトボード、プロジェクターなどは完備しておくとよいでしょう。また、YouTubeの撮影が行いやすくなるように、グリーンバックや照明などを用意しておくのもおすすめです。

おすすめのイベント

利用側に委ねられるイベントの開催内容となりますが、定期的に開催される教室系のイベントに対しては、積極的に貸し出すことをおすすめします。例えば、次のような内容が挙げられます。

・習字教室
・マンツーマンの体操教室
・塾

これらの内容は、特に郊外のコワーキングスペースでは、ファミリー層に向けてスペースを知ってもらう機会になり、さらに定期開催となるため安定した収益にもつながります。

この場合、どのようにして定期開催のイベントを獲得していくかですが、方法としてはレンタルスペース用のＷｅｂサイトを作り、そこに教室プランなどを設け、ＳＮＳ広告を地域に向けて出稿するのがおすすめです。最近の副業解禁の風潮もあいまって、自身で新しいことを行いたい場合に、地域でイベントを開催できる場所を探している方も多くいらっしゃるので、呼び込みたいイベントの目的を明確に記載したＷｅｂページを作ってＰＲすることで、どのようなイベントを呼び込みたいのかをある程度コントロールすることもできます。

注意しておくこと

コワーキングスペースとレンタルスペースが同じ空間にある場合、レンタルスペースで発生する音量に注意することをおすすめします。

例えば、コワーキングスペースと同じ空間で音楽教室や音楽系のイベントを行う場合、雑談などの音と比べてはるかに大きい音が生じるため、コワーキングスペースを利用しに来られている方にとっては、どうしても仕事や勉強に集中しにくくなります。また、激しい動きがあるダンス教室などを開催する際も、テナントの場合は隣のお店との関係性も考え、ある程度の音量や動きのある内容のイベントは制限するというルールを定めておくとよいでしょう。

逆に、どんなに大きい音が出ても問題ないという場合、スペースを選ぶ側にとってはその点が差別化の要因につながる可能性があります。できる限りPRしておくとよいでしょう。

イベントを開催する際に必ず決めておくこと

場所を貸し出してイベントを開催してもらう場合でも、自分たちで主催する場合であっても、必ず決めておくことは、そもそもイベントを開催する目的は何かです。

コワーキングスペースの認知度を高めたいのか、コミュニティを作っていきたいのか、もしくは収益性を高めていきたいのか。イベントを開催すること自体が目的になってしまうと、そのイベントに対するターゲットやテーマもブレてしまい、例えばイベントに参加するメンバーが毎回同じになってしまうなど、本来の目的を果たせない恐れがあります。

そのため、必ず「なぜそのイベントを開催するのか」「開催した結果、どのような効果を得たいのか」をしっかりと言語化しておき、イベント開催の目的がブレないようにしましょう。

また、自分たちで主催する場合には「自分たちが楽しめる内容」のイベントから開催していくのもよいでしょう。毎週プログラミングを勉強する時間を持ちたいのであれば、それをイベント化するのもよいですし、語学をマンツーマンで勉強しているのであれば、少人数グループのイベントに変えてオープンに公開するのもよいでしょう。ブログを書くでも、YouTubeをはじめるでも、街について考えるでも何でもありです。そのとき、イベントの目的は「自分たちが楽しみたい」になるため、定期的に開催されるようになります。また、そのイベントに集まる属性の人たちも主催の自分たちの属性に近くなるため、コミュニティも生まれやすくなります。

どんなイベントを開催したらよいかわからない場合には、イベント検索サイトなどからヒントをもらうのもよいでしょう。コワーキングスペースの認知度を高め、そしてコミュニティを作っていくためにも、ぜひイベントを有効利用していきましょう。

Chapter 4

計画・財務

資金調達と事業計画

Section
4-1

ファイナンス・資本政策

コワーキングスペースを開業するにあたって、まず必要なのは「施設を作ること」です。施設を作るために必要な初期費用の資金調達にはどのような方法があるのかを説明してきます。

初期費用の資金調達方法

初期費用の調達方法について、コワーキングスペースを作る事業者からヒアリングした結果をまとめると、大きく「自己資金」「銀行借入」「クラウドファンディング」「補助金・助成金の活用」の４パターンに分かれます。

自己資金

一つ目のパターンは、「自己資金」で賄うケースです。例えば、すでに他の事業を行っている会社が新規事業としてコワーキングスペースやシェアオフィスをはじめる際に、内部留保の中から施設の造作工事費用を出す場合などです。また、自社の不動産を持っている場合、その不動産の空きテナントや空きスペース部分を活用するために自己資金でスペース運営をはじめるパターンがあります。他には、本社ビルを所有していてフロアが空いているような場合に、「社内と社外の人の交流によるオープンイノベーション」や「求人も兼ねたリファラル採用」を目的としたコワーキングスペース、また会議室や打ち合わせスペースを兼ねてコワーキングスペースを作る、というケースも多いように思います。

銀行借入

二つ目は「銀行借入」です。コワーキングスペース・シェアオフィスの初期工事費用としては、1坪あたり20〜40万円ほどが相場ですが、自分たちでDIYをすることで1坪あたり数万円程度で作れるような施設もあれば、1坪あたり100万円近くをかけるような施設も存在します。

また、初期工事費用を抑えるために、人を募ってDIYのワークショップをしながら施設の造作をしていく、という手段もあります。電気工事などは業者に依頼しなければなりませんが、工事の段階からWebサイトやSNSを通じてイベントとして集客し、オープン後に利用者となるような人たちと一緒に施設を作り上げることは、初期工事費用を抑えるだけでなく、施設をオープン前に知ってもらう広報の意味合いもあります。

コワーキングスペースを作る際は、事業計画書を作り、銀行や信用金庫などから融資を受けて、初期工事費用にあてて開業する、というケースが最も多くなります。かつては、自分の初めての事業としてコワーキングスペース運営事業を選んで創業する人は少なかった(もともと別の事業をしていた人が新たにコワーキングスペースを開設するケースが多かった)印象で、すでに他の事業で蓄えた自

DIYによる造作の様子

10年前にオープンして今でも営業している埼玉県さいたま市の「コワーキングスペース7F（ナナエフ）」の造作の様子（2012年12月撮影）。できるところはDIYで行い、初期の工事費を下げた。

己資金をあてるケースが多かったように思いますが、初めての創業だと700〜2000万円ほど銀行借入をするケースが多い印象です。

もちろん、すでに創業してから長い企業等による新事業として、コワーキングスペース・シェアオフィス事業をはじめる場合には、会社の規模にもよりますが、数千万円単位や、場合によっては数億円レベルの借入をするパターンも実際にあります。また、資金調達の手段として、例えばベンチャー企業などの場合には、エンジェル投資家やベンチャーキャピタルから出資を受ける直接金融も考えられます。ですが、コワーキングスペース・シェアオフィスをまず1施設開業する場合は、銀行から借りる間接金融がほとんどかと思います。

クラウドファンディング

三つ目は「クラウドファンディング」となりま

クラウドファンディングによる資金調達

2012年に1フロアからはじめて、2016年に2フロア目、2017年に3フロア目と、増床する過程で、3フロア目の初期工事費用の一部をクラウドファンディングで募った。

参照 https://camp-fire.jp/projects/view/36057

す。地域にコワーキングスペース・シェアオフィスを作る、または特定ジャンルのためのコワーキングスペース・シェアオフィスを作る場合に、そのコンセプトや理念に基づいて資金を調達する購入型クラウドファンディングです。購入型ではなく株式投資型クラウドファンディングもありますが、コワーキングスペース業界自体が生まれてから10年以上経過しているため、「店舗を作る」というコンセプトだけの形で、この方法での資金調達をするケースはほとんどないかと思います。いわゆる新規性や目新しさがなくなってきているというのが正直なところでしょう。

そのため、今コワーキングスペースやシェアオフィスを開設するためにクラウドファンディングで資金を集めたとしても100~300万円程度になることが多く、2010年代前半のように500万円以上集まる事例は少なくなっているといえます。もちろん、発起人の人脈やコンセプトによっては、今でも大型のクラウドファンディングで資金調達できるケースはあるでしょう。また、既存の施設の改装工事や増床・2店舗目開設などを名目にクラウドファンディングで支援を募り、初期費用の一部にあてるケースもあります。

補助金・助成金の活用

四つ目は「補助金・助成金の活用」となります。2020年からの新型コロナウイルス感染症の影響によって、働き方が大きく変わり、会社以外の場所で働くテレワーク・リモートワークがより一般化しました。また、旅行に行った際に旅先で仕事も行うワーケーションについても注目されています。

国としてもこの働き方を進めようとしているため、これらの拠点として、コワーキングスペース・シェアオフィス・サテライトオフィスなどといった、仕事のできる場所を整備することに対して、コロナ後、国や地方自治体の補助金・助成金がより多く準備されるようになりました。コロナ前からもそのような趣旨の補助金・助成金はありましたが、コロナ後はより予算金額や取り組みが増えたという印象です。

2022年時点での具体例をいくつか挙げますと、例えば「デジタル田園都市国家構想推進交付金」の中の「デジタル実装タイプ」「地方創生テレワークタイプ」は、事業費の3分の2または2分の1が国から補助されます。また、コロナ以前からの取り組みで要綱の内容は年度により異なりますが、2022年度の東京都の「インキュベーション施設運営計画認定事業」では、補助率3分の2以内で、整備・改修費として2500万円と、運営費として年2000万円を最長2年間、つまり最大

6500万円までを施設運営にあてることができます。東京都では、その他に「サテライトオフィス設置等補助事業」があり、整備・改修費が最大で2000万円、運営費が最大で800万円、補助率は3分の2または2分の1となります。

東京都だけではなく、各都道府県や各市区町村で、独自にサテライトオフィスとしてコワーキングスペースやシェアオフィスを新設するための補助金が用意されている場合もあり、特にコロナ後では多くなっています。自治体ごとに金額は異なりますが、最大2000〜3000万円ほどだったり、2000〜3000万円という補助金額だったりすることが多く、補助率も2分の1ほどのものから、場合によっては10分の9ほどで、多くの費用を補助金で賄えるものもあります。

補助金・助成金の場合、対象企業の要件や造作の際の必須要件（例えば「何平米以上の個室を何部屋以上用意するのが必須である」）などを満たす必要があるとはいえ、まずコワーキングスペース・シェアオフィスをはじめようとする際には、これらの施策があるかを調べ、公募要領を読み、公募のタイミングが合えば申請を試みるのも一つの方法かと思います。

特に、地方にコワーキングスペースやシェアオフィスを作ることで定住者を増やしたり関係人口を増加させたりするための地域おこしの施策として、補助金が用意されている場合は、その後の採算面や投下資本回収なども考えると、補助金があるかないかでかけられる初期費用が変わってきます。

その他に2022年時点では、中小企業がコワーキングスペース・シェアオフィスを作る際には、新型コロナウイルスの影響を受けている中小企業が新規事業に参入する際に利用できる補助金として、「事業再構築補助金」が多く活用されています。これは、コワーキングスペース・シェアオ

東京都の「サテライトオフィス設置等補助事業」

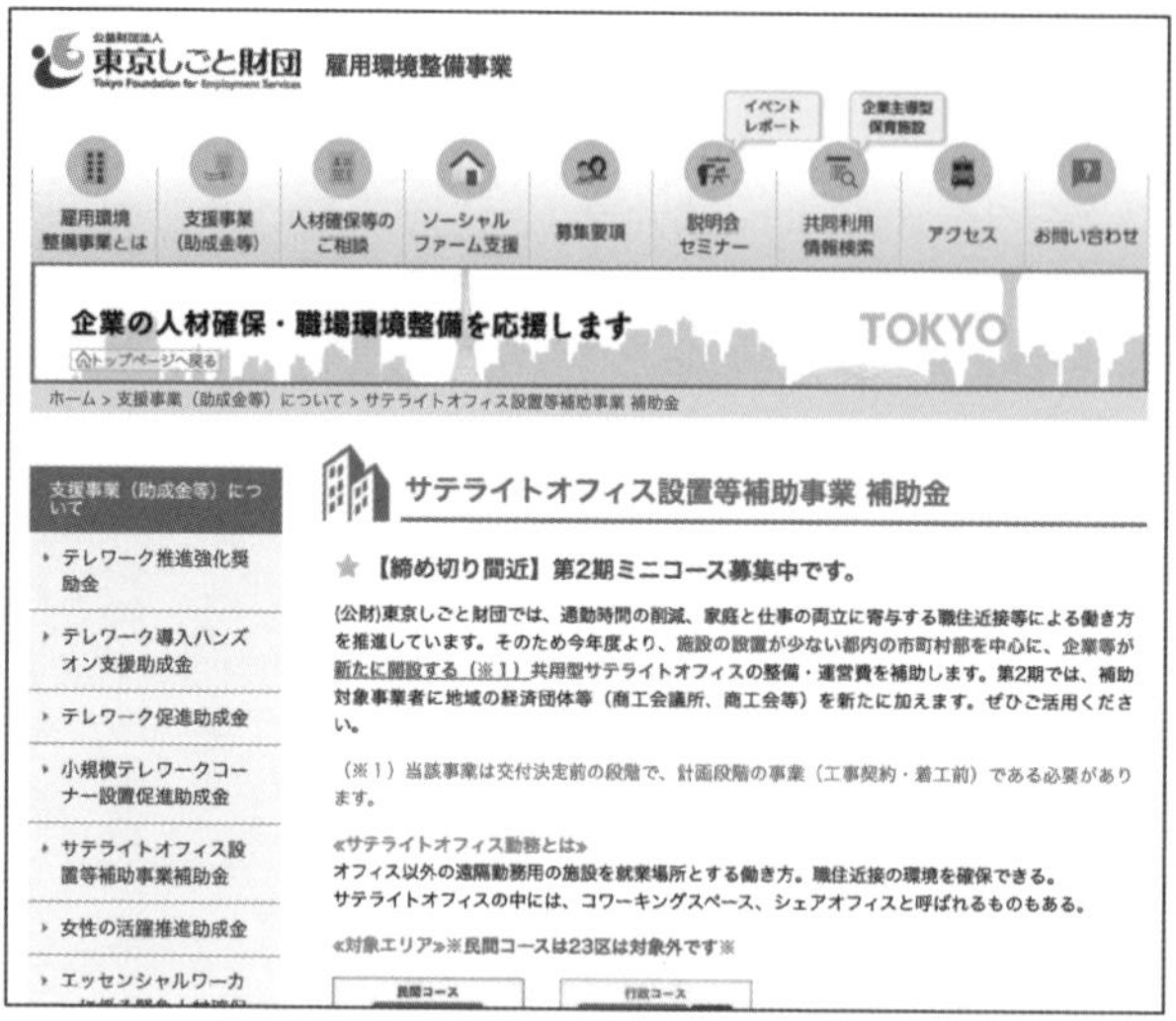

東京都の「サテライトオフィス設置等補助事業」。東京都だけでなく、各都道府県、各市区町村で、独自にサテライトオフィス（コワーキングスペースやシェアオフィス）を新設するための補助金が用意されている場合があり、コロナ後では特に多い。

参照 https://www.shigotozaidan.or.jp/koyo-kankyo/joseikin/satellite.html

フィス運営に限らない補助金になりますが、最大8000万円までの補助金を、3分の2の補助率で受け取れます。あくまでざっくりとしたイメージではありますが、仮に建築工事等で1億2000万円ほど開業にかかったとして、その3分の2の最大8000万円が後から補助金で賄われる、という形です。これはその後の採算面などを考えた際にもだいぶ大きな違いとなるかと思います。

補助金を活用して、コワーキングスペースやシェアオフィスの施設を作る場合、例えば、「事業再構築補助金」では、補助対象経費の項目は、「建物費、機械装置・システム構築費、技術導入費、専門家経費、運搬費、クラウドサービス利用費、外注費、知的財産権等関連経費、広告宣伝・販売促進費、研修費」とあり、建物の造作にも補助金が出ることが特徴です。他には、近年毎年用意されている「IT導入補助金」においては、I

事業再構築補助金

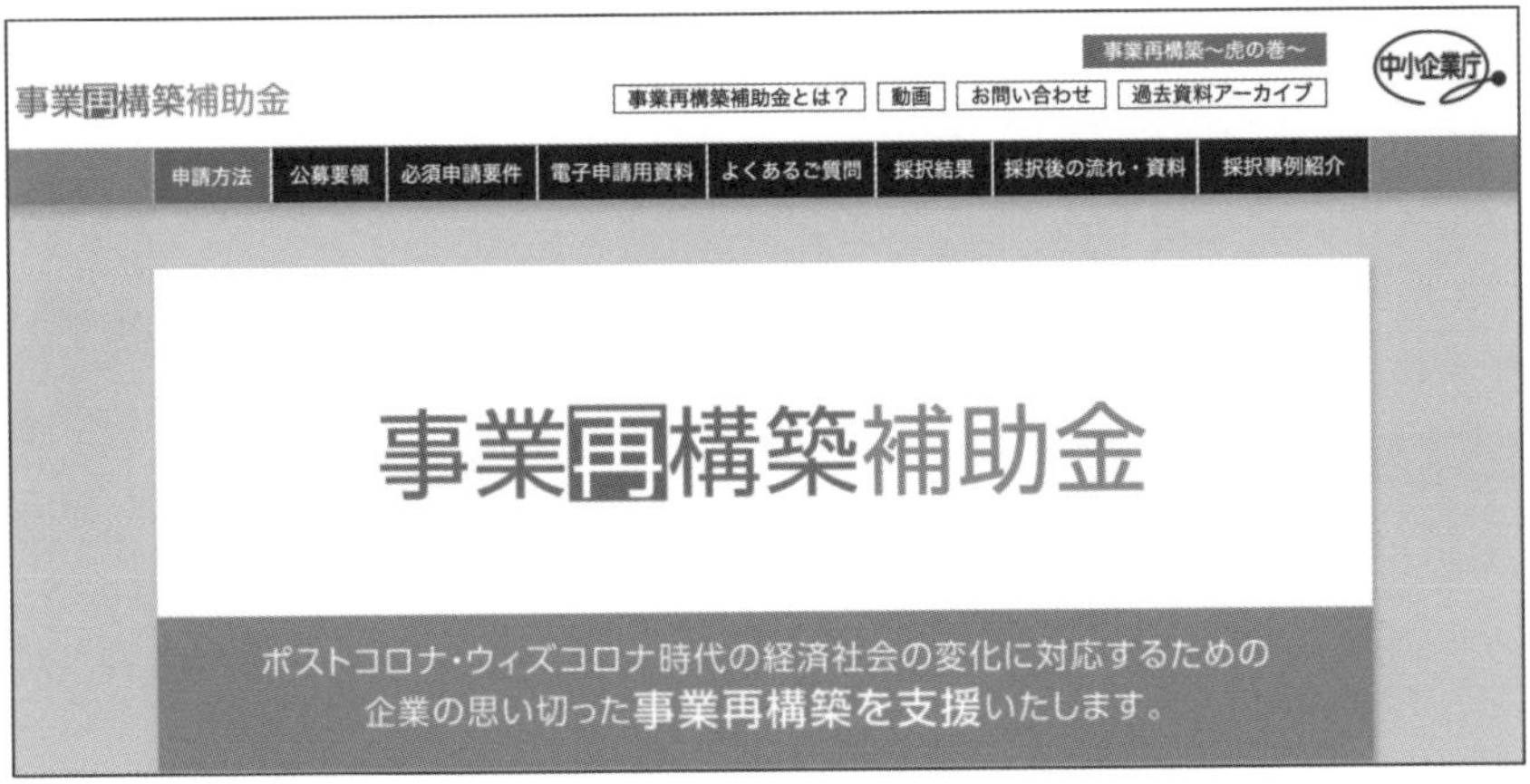

コロナで売上減少の影響を受けた企業や個人事業主などが、事業を再構築して新しい事業に取り組むための支援策である「事業再構築補助金」。

参照 https://jigyou-saikouchiku.go.jp/

Tベンダー・サービス事業者としてシステムやツールが登録されていれば、コワーキングスペースやシェアオフィスの運営に必要な入退室管理システム、会計システムやレジシステムなどが補助対象経費になります。

　このように、よいことばかりに見える補助金の活用ですが、申請すれば必ず採択されるわけでもありませんし、採択されたとしてもその後3年間や5年間などの運営継続が義務付けられることがほとんどです。もし定められた期間以上の運営継続ができなかったときには補助金を返還しなければならないこともあるため、「運営が軌道に乗らなかった場合はすぐに業種業態を変えてピボットしたい」という場合には向いていません。しかし、初期費用という点においては、補助金を利用すると投下資本の回収までの期間を大幅に短縮できますので、事業計画が立てやすいといえます。また、副次的なメリットとして、行政や銀行の支援を受

IT導入補助金

コワーキングスペースやシェアオフィスなどの施設運営において、ITシステムを導入する際に活用できる「IT導入補助金」。そのシステムやツールが「ITベンダー・サービス事業者」として登録されていることが前提となる。

参照 https://www.it-hojo.jp/

けやすくなる、ということもあるようです。

その他、サブリースや運営委託など

初期の費用を自社で賄わないケースとしては、サブリースで不動産オーナーがコワーキングスペース・シェアオフィスの施設を作り、その後10年間などの中長期で家賃に上乗せする形で不動産オーナーに還元していく、というケースも見聞きします。不動産業界に詳しく、多店舗展開している外資系を含めた会社で、このようなスキームで展開している施設もあるようです。

また、そもそもソフト面である運営の委託のみを受ける、というケースもあります。この場合は、固定の業務委託費はいくらか、または売上・利益の何割が業務委託費か（いわゆるレベニューシェア）、それら双方を合わせて業務委託費とするのか、などの取り決めをしっかりとしておくケース

が多いように思います。例えば、行政が運営している施設などでは、運営を民間事業者に委託することもあり、その際のプロポーザル（入札）も、コロナ後は特に増えてきている印象です。

初期費用の資金調達についてのまとめ

コワーキングスペースやシェアオフィスの開業にあたって、まず必要となる施設を作る際の初期費用の資金調達について説明しました。「コワーキングスペースやシェアオフィスを開業したい！」と思っても、店舗運営となるので、多くの場合、どうしても初期の投資が必要となります。その際、今までは銀行借入が一般的だったかと思いますが、先述の通り、その方法は多様化してきているという印象です。コワーキングスペースやシェアオフィスを開業するにあたって、ソフト面などは開業後でも変えられるかもしれませんが、その立地や建築設計のハード面は作った後はなかなか変えづらいので、事前の知識なども備えておくと選択肢も増えると思います。

また、新型コロナウイルス感染症の影響による働き方の急速な変化や、国としても創業する人を増やしていきたい、地方への移住者や関係人口を増やしていきたい、等の理由から、コワーキングスペースやシェアオフィスを作る際の国や地方自治体の予算も増えている傾向にあるタイミングかと考えています。「これからコワーキングスペースやシェアオフィスを開業しよう」、または、「すでに運営していて、これからさらに店舗数を増やしていこう」という方にとっての参考になればと思います。

Section
4-2

事業計画

コワーキングスペース運営という事業には、月額会費などの収益、また物件や運営に関わる費用など各種要素があります。この章では、収益や費用に関してどのような要素があるのか、また事業計画をどう立てればよいのかをご紹介します。銀行に融資の相談に行く場合はもちろん、補助金の申請書類を提出する際にも事業計画書を作成する必要があります。初期費用に対して月々の売上とランニングコストがどの程度かかるか、どのように採算を合わせるかを考える上でも事業計画書は重要になります。

初期費用の考え方と投資回収期間

基本的な初期費用は1坪あたり20〜40万円で考えることが多いのですが、コワーキングスペース内に水回りなどを作ったり、飲食店を入れたりする場合は、初期費用は当然高くなります。

また、オフィスの居抜きでコワーキングスペースを造作し、オープンさせることも可能です。その場合は1坪5万円で作ることもできますが、大手の高価格帯のコワーキングスペースの場合、1坪100万円で造作することもあります。また、家賃はそれぞれの場所や地域によって異なりますが、コワーキングスペースの場合は都市部では1坪あたり賃料1万円台相場、地方では数千円から1万円を切る相場が多いです。より地方であれば1坪1000円という場所もあるかもしれませんし、渋谷や丸の内のような場所でコワーキングスペースを作ろうとすると1坪2万円台後半という可能性もありますので、各地域の賃料相場も考慮して事業計画に入れていきます。

投資の回収については、どの程度の規模でコワーキングスペース事業を行うかによって異なりますが、投下資本の回収は3年以内と考える場合が多いです。ただし、1棟丸ごとコワーキングスペースにする場合は、10年回収で考える事例もあります。

計画を作る上で、コワーキングスペースの売上と経費についてご紹介します。まずは売上に関してですが、コワーキングスペースでの売上には、次のようなものがあります。

・会員利用料（月額契約・年間契約・入会金）
・会議室や貸切などのスペース使用料
・ドロップイン利用料（スポットでの利用）
・イベント等での売上
・付帯サービス利用料（ロッカー利用、郵便対応、登記サービス、電話受付、コピーなど）

一方で、コワーキングスペースに必要な経費には、次のようなものがあります。

・家賃

・人件費
・水道光熱費
・通信費
・消耗品費
・防犯カメラやスマートロック等のセキュリティ費用
・フリードリンク等の提供サービスに係る費用
・広告宣伝費
・Ｗｅｂサイト運営費（スタッフが賄う場合も多い）
・清掃費などの運営管理費（スタッフが賄う場合も多い）等

コワーキングスペースを利用する月額会員の上限は、有効席数の3倍程度で考えることが多いため、それに基づいて逆算し、月額会員の単価を考えましょう。

また、バーチャルオフィス利用（住所だけ使って、中に入る場合は別途有料）のように、住所利用のためだけにコワーキングスペースやシェアオフィスを貸し出すケースもあります。この場合は、不特定多数の人が住所を利用するので比較的リスクが高くなり運用が大変ですが、有効席数を広く取れる場合もあるので、メリット・デメリットを考えることが必要です。

ドロップインの一時利用は、日本の相場としては1日1０００～3０００円ほどです。月額会員は1カ月1～3万円が相場ですが、1カ月数千円～が相場の地域もあります。ドロップインと月額会員のプランを併用することが一般的だといえるでしょう。また、都市部はドロップインが多い場合もありますが、地方に行けば行くほど、固定で利用する月額会員の比率が上がる傾向にあります。

月々の売上と費用

コワーキングスペースの収益構造について、具体的な事例を紹介します。

埼玉県さいたま市で運営している約140坪のコワーキングスペース7F（ナナエフ）の施設事例

- 売上
  - 月額会員：100人×客単価平均15000円＝約150万円
  - ドロップイン：1日あたり平日30人・土日40人×30日×平均1000円＝約100万円
  - シェアオフィス（個室）：12部屋×5〜10万円＝約90万円（1部屋7・5万円計算）
  - 貸し会議室：最大4部屋×1日平均6〜8時間×1時間3000〜13500円＝約180万円
  - 合計：月520万円
- 費用
  - 家賃：約200万円
  - 人件費：約170万円
  - 水道光熱費・通信費等：約20万円

○フリードリンクや新聞図書費、消耗品費等の雑費：約10万円
○合計：月400万円

コワーキングスペース運営のビジネスモデルは、費用として固定費率が高く、変動費が少ないというのが特徴です。また、最近では、IT化で入り口を無人にして、スマートロックで管理するところが増えています。これによって、本来であれば人員が5人いなければならないところを2人で運営することができるので、人件費の大幅な削減が可能になるのです。

とはいえ、これらの固定費を上回る売上がないと毎月赤字になり、次第に運営が苦しくなって廃業してしまう可能性があります。このような事態を回避するためにも、「初めの半年で黒字にしていく」などの目標をしっかり持つことが大変重要です。

また、コワーキングスペース単体では経営が疲弊してくる可能性も考えられるため、地場の企業としての本業があった上で、コワーキングスペース単体では赤字でも、本業との相乗効果で会社全体として黒字になるようにする、というパターンも考えておくとよいでしょう。大手企業の場合は、不動産事業としてコワーキングスペースの利用料による売上だけを目的にするのではなく、社内外のコミュニケーションスペースとして利用する、オープンイノベーション目的や求人も兼ねたリファラル採用目的で使うなど、目的と採算性とを合わせて考える必要があるでしょう。

コワーキングスペースの事業計画書の作り方

コワーキングスペースの事業計画書の作り方を紹介します。事業計画書の作り方自体は、一般的なビジネスを立ち上げるときと同じ流れになります。

ここでは、金融機関に融資を受ける際の事業計画書の作成方法を紹介します。また、コワーキングスペースの開設時に補助金申請を行う際に求められる事業計画書の作成にも活用できるかと思います。

事業計画書を作る場合、さらに金融機関からコワーキングスペースの事業で融資を受ける場合、当然ですが新しく作るコワーキングスペースが事業として成り立ち、利益を上げ、融資された金額もしっかりと返済できるようにしなければいけません。その点から、まずは大まかな収支計算のイメージを作るとよいでしょう。

細かな金額よりも、売上としてどれぐらいの金額を見込み、そこに対して人件費や家賃でどれぐらいが必要になるか、そのためにはコワーキングスペース自体はどんなスペースがよいのか、コワーキングスペースのサイズを含めて逆算して考えていきます。また、おおよその売上イメージが作れたら、コワーキングスペースを開設しようとしている場所と同じ人口サイズで、別の地域ですでに運営しているコワーキングスペースにお話を伺うと、より事業計画書を作るために必要な情報が得られ、作成しやすくなります。実際の事業計画書としては、次のような順に書いていくとよいでしょう。

1. コワーキングスペースとはどんな事業なのか

2. なぜコワーキングスペースの事業をするのか、現在行っている事業、代表者の略歴
3. コワーキングスペース設立に対するソフト面・ハード面での構築内容、イメージ図
4. ターゲットの情報
5. 売上予測、費用、収支予測
6. 設立スケジュール
7. 資金計画

1. コワーキングスペースとはどんな事業なのか

相手が金融機関の場合、コワーキングスペースといってもどういう事業なのか、レンタルスペースとは何が違うのかがイメージできない可能性があります。そうすると、事業として成り立つのかが不透明となり、事業計画書全体の不信感を招いてしまいます。そのため、コワーキングスペースはどのような事業で、全国でどんな風に展開されているか、または代表的なコワーキングスペースや、開設しようとする立地と同じ条件の他市町村のコワーキングスペースを記述するとよいでしょう。

2. なぜコワーキングスペースの事業をするのか、現在行っている事業、代表者の略歴

コワーキングスペースの概論を書いた後は、「なぜその事業をするのか」「既存の事業と掛け合わせてコワーキングスペースを開設することで、売上が増加する理由がどこにあるのか」などを書いておくと、より説得力が増します。また、コワーキングスペースを店舗型ビジネスとして捉え、マネジメ

ントや広報の面で代表者の略歴が生きる場合などは、その点も記載しておくとよいでしょう。

3. コワーキングスペース設立に対するソフト面・ハード面での構築内容、イメージ図

コワーキングスペースを作るテナントでのレイアウトや、ソフト面・ハード面でどのような内容を入れるかなどを書いていきます。レイアウト図に関しては、しっかりと図面に起こす必要はありません。ざっくりでもよいので、どのような空間となり、設備はどんなものが必要になるかを書いておくとよいでしょう。また、イメージとしてどのようなレイアウトのコワーキングスペースになるのかについても、写真付きで入れるとわかりやすくなります。

4. ターゲットの情報

コワーキングスペースを使うターゲットを想定します。おおよそ「ワークスペース需要」「レンタルオフィス需要」「レンタルスペース需要」「自習室需要」の4点で、ターゲットの見込み客数、半年、1年、2年ほどの期間での売上を書いておくと、続く5の売上予測に説得力のあるものを記載することができます。

5. 売上予測、費用、収支予測

4のターゲット別での売上を元にして、半年、1年、2年での売上を書いていきます。なお、月額会員やドロップイン利用の獲得について、初年度で一定の会員を見込み、その後は比例的に増加して

3〜5年掛けて目標会員に到達する、という推移を計画する施設が多い印象です。さらに、売上予測として、現実的と思われる計画だけでなく、より悲観的な推移と、より楽観的な推移も計画しておき、それぞれの場合にはどのような対応をするのか、あらかじめ漠然とでも決めておきましょう。例えば、悲観的な推移の場合は人件費を削減する、楽観的な推移の場合はコワーキングスペースに絡ませた新規事業を計画するなどです。

続いて固定費としての費用、さらに売上が増加することによる変動費（人件費、雑費）などを記載し、将来の収支予測を表としてまとめていきます。

6. 設立スケジュール

融資の期間も含めて、設立までの流れを書いていきましょう。その際に、設立までに実施する広報や、設立後の集客手段や運営内容を書いておくと、より具体的に伝えられます。

7. 資金計画

5の内容を中心に、設備資金、そして運転資金がどれぐらい必要なのかを計算して記載しましょう。コワーキングスペースの場合、月額会員と日額での利用料が売上の中心となります。半年、1年、3年と売上を重ねていき、運転資金も含め返済がしっかり行われていくか、数字をベースにした形で記載しましょう。

収入を予測する際の項目の例

収入項目	席数 / 部屋数	料金プラン	備考
入会金			
ドロップイン 1h			
ドロップイン 2h			
延長			
ドロップイン 1 日			
月額利用			
早朝プラン			
平日プラン			
ナイト & ホリデー			
個室ブース			
月額ロッカー			
フード・ドリンク・スナック			
コピー代白黒			
コピー代カラー			
シェアオフィス個室 1 人用			
シェアオフィス個室 2 人用			

以上を踏まえて事業計画書を作り、金融機関との面談で活用してみましょう。事業計画書があると、コワーキングスペースを作る・運営していく際のイメージ像もつかめるため、作成することをおすすめします。

収支予測の例（「今プラス」の場合）

全体月間売上 一覧	1カ月目	3カ月目	6カ月目	1年	2年	3年
ホームページ制作売上	675,000	675,000	810,000	945,000	945,000	945,000
印刷物制作売上	80,000	80,000	80,000	80,000	80,000	80,000
その他受託業務売上	70,000	70,000	100,000	100,000	130,000	130,000
自社サイト広告収益	40,000	70,000	100,000	200,000	300,000	500,000
コワーキングスペース運営収益	121,900	322,500	485,700	688,100	910,200	1,019,800
合計売上	986,900	1,217,500	1,575,700	2,013,100	2,365,200	2,674,800

全体月間費用一覧	1カ月目	3カ月目	6カ月目	1年	2年	3年
人件費用（社員）	250,000	250,000	250,000	250,000	250,000	250,000
人件費用（アルバイト）	160,000	160,000	160,000	160,000	160,000	160,000
車両借り入れ返済金額	31,000	31,000	31,000	31,000	31,000	31,000
外注費用	140,000	140,000	170,000	170,000	200,000	200,000
コワーキングスペース関連費用	477,972	487,972	487,972	547,972	567,972	587,972
サーバードメイン費用	10,000	10,000	20,000	20,000	30,000	30,000
その他	50,000	50,000	70,000	100,000	150,000	150,000
合計費用	1,118,972	1,128,972	1,188,972	1,278,972	1,388,972	1,408,972

収支一覧	1カ月目	3カ月目	6カ月目	1年	2年	3年
合計売上	986,900	1,217,500	1,575,700	2,013,100	2,365,200	2,674,800
合計費用	1,118,972	1,128,972	1,188,972	1,278,972	1,388,972	1,408,972
利益	-132,072	88,528	386,728	734,128	976,228	1,265,828

ホームページ制作会社がコワーキングスペースを運営して、本業を含めた収支予測を立てる場合における事業計画。

ホームページ制作売上はコワーキングスペース利用者拡大により6カ月目に平均3件の受託、1年目以降3.5件の受託数拡大を予測しての計算となります。

またその他受託業務売上としてはホームページの更新費、ページ作成費用など主にWebに関するメンテナンスの費用となります。

Chapter

5

収益化

料金体系と空間活用の戦略

Section
5-1

コワーキングスペースの料金体系と収益化

この章ではコワーキングスペースの料金体系の事例をご紹介していきます。料金設定と収益化の方法は、コワーキングスペースをこれから作りたい方にとって特に気になる分野かと思います。ぜひ参考にしてみてください。

コワーキングスペースの料金体系

コワーキングスペースの料金体系は大きく分けて3タイプあります。それぞれの特徴について、一つずつ詳細をご紹介していきます。

- 一時利用
- 月額利用
- レンタルスペース・スペース貸し出し

一時利用

一時利用は「ドロップイン」ともいわれ、そのコワーキングスペースの会員ではない方も受け付ける利用形式で、新しい利用者層を獲得できる門戸の広い受け入れになります。料金設定の方法には、10分や15分、1時間単位といった時間単位や、また3時間パック、半日パック、1日料金などの一定時間をパッケージにした形もよく見受けられます。時間が短い設定の場合は空き時間に作業をしたいビジネスパーソンの利用、1日料金の場合は腰を据えて作業をしたい方のスポット利用といった需要を捉えることができます。コワーキングスペースとして、どのようなユーザーの利用を獲得したいのかに基づいて設定することが肝要です。

料金相場は場所によってさまざまですが、都市部での料金は、1時間500円程度、1日利用だと1500円から3000円ほどが相場になっています。ですが、東京都にある「もっとも集中できるスペース」と評判の「Think Lab」は15分330円、各種実証実験が展開可能な「point 0 marunouchi」は15分275円と、コワーキングスペースの特徴によってそれぞれの料金設定があります。また、上限金額の設定がなく時間単位で増え続けていく形式や、3時間以上の利用は1日料金とする形式など、料金設定の組み合わせ方も多種多様です。

コワーキングスペース「point 0 marunouchi」

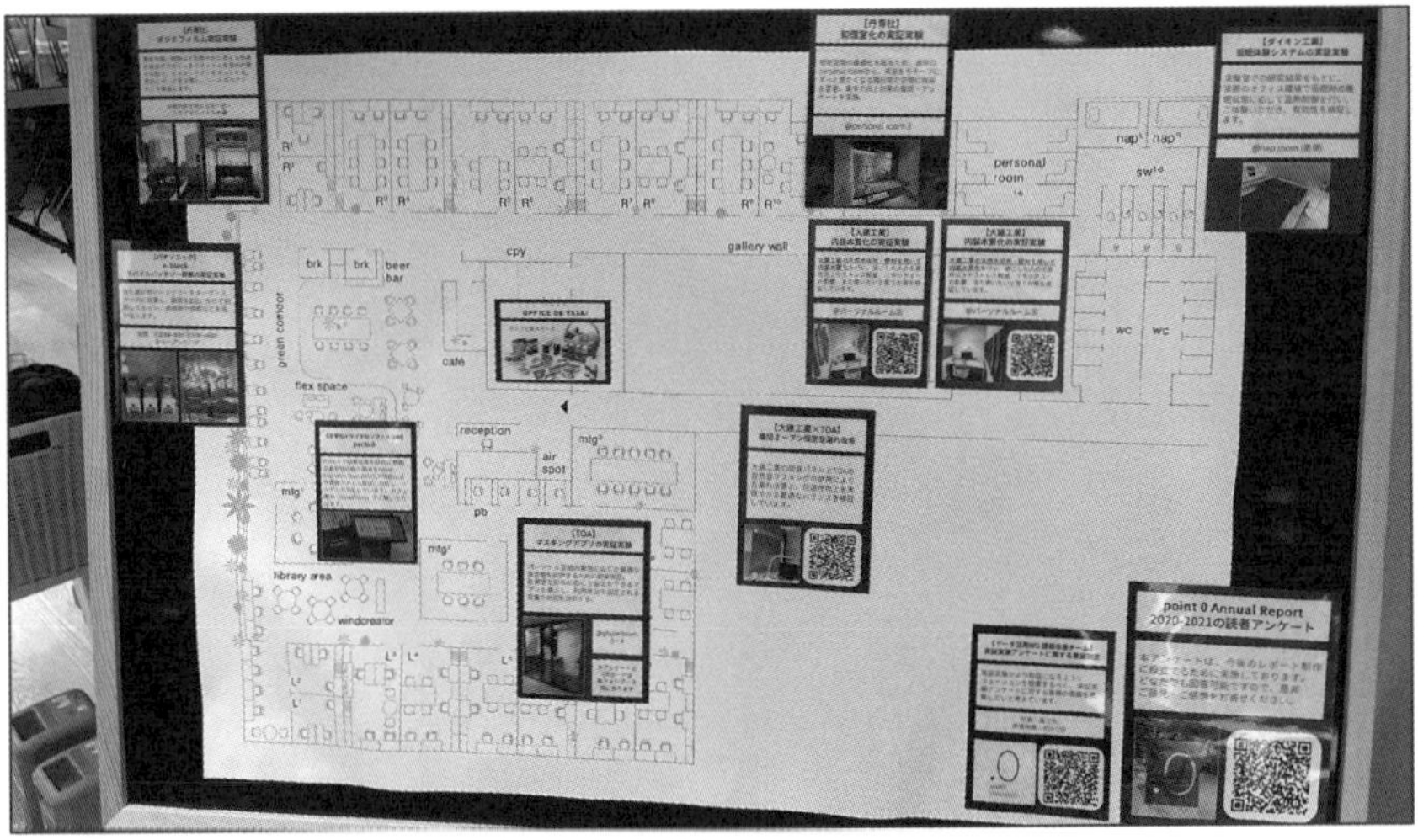

「point 0 marunouchi」の内観。ダイキン、オカムラ、パナソニックなどが合弁会社を作り、より快適に働く環境をどのように作るかの実証実験にも活用されている。

一方、地方のコワーキングスペースの料金は都市部よりも安価になる傾向があり、1日1000円から2000円程度が相場になっています。料金を1日単位で設定しているスペースもあれば、1時間単位で設定しているスペースもあり、1時間単位の場合は300円からが相場です。また、2時間まで500円、2時間を超える場合は1日利用の料金とするケースもあります。これらの料金設定を、地方における一時利用の相場観として考えておくとよいでしょう。

また、一時利用を無料にしているケースがありますが、明確な理由がある場合を除き、あまりおすすめしません。コワーキングスペースの利用者を増やすために、一時利用を無料にすると、「無料で使える場所」というイメージがつき、利用者が月額会員になる確率は低くなってしまいます。席数が限定されている中、無料の利用者で席が埋まってしまって使える席がなければ、月額会員になるメリットが見いだせないためです。コワーキングスペースを無料で提供するのではなく、500円であっても1000円であっても有料の料金プランを設けると、月額会員への加入率を高められ、事業の成立にもつながります。

逆に、コワーキングスペースの利用を無料にする場合は、無料の利用をインセンティブにしたキャンペーンを実施することが得策です。具体例を挙げると、無料で利用できる代わりに、LINEを登録してもらったり、TwitterやInstagram、FacebookなどのSNSをフォローしてもらったりなどの施策です。ただ、キャンペーン自体も、元が有料だからこそ行えるものなので、基本的にコワーキングスペースの一時利用は有料にしておくとよいでしょう。

一時利用に関する料金プランでは、1時間や2時間などの「時間単位」にするか、または「1日単位」での利用プランにするかも検討します。コワーキングスペースの運営方針にもよりますが、滋賀県の「今プラス」では1時間単位での料金プラン（1時間300円、1日上限1200円）にしています。また、埼玉県の「コワーキングスペース7F（ナナエフ）」では2時間500円、1日1000円にしています。時間単位の料金プランを用意している理由としては、2点あります。

1点目が、「お試し利用によるコワーキングスペースの認知拡大」です。月額会員での利用を検討している方が試しに使ってみたい場合に、300円や600円などリーズナブルな金額で使えたほうがよいからです。1日単位での利用プランにすると、1時間しか使わないのに1000円ほどかかることを考えたときに、その金額を理由に利用をしなくなってしまうと、長期的に見ると顧客獲得の機会損失になります。

2点目の理由は、一時利用でもいいからまずは「コワーキングスペースを使ってもらいたい」、また地方の場合は「コワーキングスペースの文化を広めていきたい」というところにあります。利用者側からすると、1、2時間での利用料金が数百円なのか、それとも1000円を超えるのかでは、やはり大きな違いがあります。また、「オンライン会議用に会議室だけを使いたい」「閉店までの1時間だけを使いたい」という場合に、利用料金を時間単位で設定すると、店舗のオペレーションは若干増えてしまいますが、利用者ニーズを捉えた利用者目線でのプランとなります。

一方で、一律の料金プランにすると、一時利用による利用単価が上がり、オペレーションも楽になるというメリットはあります。この辺りは、コワーキングスペースの運営方針に合わせて決めていくとよいでしょう。

月額利用

月額利用は1カ月単位での利用となり、月額会員となってコワーキングスペースを利用してもらう形式になります。主に次の3パターンがあります。

- フリープラン：席を固定せず、共有空間の利用ができるプラン
- 固定席プラン：専用の席を持てるプラン

「CASE Shinjuku」の料金プラン

シェアオフィス＆コワーキングスペースのシステムのご紹介.

システムと料金

プラン名	月額メンバー			ドロップイン
	個室オフィス	固定ブース	シェアデスク	コワーキングスペース
ご利用料金	151,700円～/月 ※部屋により価格が異なります	55,000円～/月 ※ブースにより価格が異なります	27,500円/月	500円/1H 2,000円/1日上限 **事前予約不要** <お得な回数券もあります>
ご利用人数	1～4名 ※5名以上は1名につき追加料金11,000円	1名	1名	1名
入会金（初回のみ）	月額利用料の一ヶ月分			ー

参照 https://case-shinjuku.com/system

・個室利用プラン：専用の部屋を持てるプラン

専用の席を持たない「フリープラン」は、すべての会員が同時に利用することがないため、施設の実際の席数よりも多くの会員を受け入れることができます。業界の相場として、「席数の3倍の人数までは会員を受け入れ可能」といわれています。「固定席プラン」「個室利用プラン」は、特定の利用者に場所を専有させるため、受け入れられる会員数に上限はありますが、その分だけ月額利用料を高単価に設定できます。

また、月額の料金プランに関しては、大きく2種類に分かれます。それぞれメリットおよびデメリットについてご紹介します。

1. 全時間帯利用できるプランのみにする場合
2. 利用時間帯によってプランを分ける場合

「CASE Shinjuku」のオープンスペース

「CASE Shinjuku」の個室オフィス

「CASE Shinjuku」の固定ブース

東京都新宿区の高田馬場駅から徒歩1分の「CASE Shinjuku」では、約50坪のオープンなコワーキングスペース、法人登記利用もできる専用ブース、チームで使える個室オフィスのプランが用意されている。

1点目の「全時間帯利用できるプランのみにする場合」のメリットとしては、会員の平均単価を上げることができ、プランに応じた店舗側のオペレーションも不要となる点が挙げられます。また、プランが一律のため利用者にとってもわかりやすく、契約時に困らないというメリットもあります。デメリットとしては、プランによっては利用者のニーズと合わず、顧客獲得の機会を失ってしまう可能性があります。また、プランが一つだと、どのプランにニーズがあるのかの検証を行うのも難しくなります。

逆に、2点目の「利用時間によってプランを分ける場合」では、利用時間帯に関する多様なニーズを捉えたプランを設計することで、多くの顧客を獲得できます。デメリットとしては一つのプランで固定化させていないので、低価格のプランの会員が増えてしまう傾向にあり、平均単価が下がってしまうこと、そして一つずつのプランでの内容に差別化要因を作る必要があることです。

例えば「今プラス」では、利用時間でそれぞれ次のように三つに分け、場合によって組み合わせたプランを提供しています。

・朝や夜のみ利用できるプラン
・平日のみ利用できるプラン
・土日祝のみ利用できるプラン

中でも、平日は16時から22時までの夜の時間帯が利用でき、土日祝日は朝から夜まで利用できる「夜＋土日祝利用し放題プラン」が人気です。コワーキングスペースの立地が駅近くであるため、学生や勉強する大人にとって使い勝手がよく、また土日祝も利用できる場所を探している方が多いこともあって、ニーズを捉えたプランになっています。

月額利用の金額の設定は、立地や環境によってさまざまです。都市部では月数万円台、地方ではおよそ月5000円から15000円の範囲が多い印象です。固定席を設ける場合は1万円から3万円、複数人で使える個室のシェアオフィスの場合は3万円から7万円の相場で考えておくとよいでしょう。

なお、地方の場合、コワーキングスペースの利用ニーズとしては、一時利用よりも月額利用のほうが多くなります。その理由としては、仕事スペースとして使える場所の数が地域では限定的なことが挙げられます。また、プランの金額も都市圏に比べてリーズナブルで、週1回の一時利用であれば、月額利用の金額と同じまたは少し高い程度という傾向もあります。そのため、一時利用をお試しで使ってもらえるプランとし、月に3回以上使う場合は月額契約しておいたほうがお得、というシナリオにしておくとよいでしょう。例えば、1日の利用を2000円とした場合、月の時間別・曜日別の利用で一番割安のプランを5000円とすると、1日利用の客層から月額会員への引き上げ率を高めることができます。

月額利用の特典・オプション

1日単位などの一時利用から月額会員へと顧客を引き上げるために、月額会員限定の特典を用意することもおすすめです。月額会員に提供する特典の例としては、次のようなものが挙げられます。

- ゲスト無料招待（会員の同伴者が無料でスペースを利用できる）
- 複合機利用料の割引（会員はコピー代半額など）
- ドリンク代の割引（ドリンクを有料で提供している場合に会員は1日1杯無料など）
- 併設会議室・レンタルスペース利用料の割引や早期予約（非会員よりも早く予約ができる）

また、月額会員限定の有料オプションを用意すると、顧客単価の向上につながりますし、ただスペースを貸すだけではない付加価値を提供することで、月額会員にも喜んでもらうことができます。

月額会員専用のロッカー

有料オプションの例としては、次のようなものが挙げられます。

- 住所利用、郵便物受取代行
- 電話番号・インターネットＦＡＸ番号利用
- 登記利用
- 専用ロッカー
- 法人利用（会員企業の従業員は一度に３名まで同時利用可能など）

住所利用・電話番号・登記利用・専用ロッカーなどのオプション料金は、それぞれ３０００円から５０００円程度が多いです。また、法人利用の場合は、従業員人数で計算してそこから割り引くという形式が多くなります。

コワーキングスペースの運営会社が別の事業も展開している場合は、その特色を生かした特典・オプションを提供するのもよいでしょう。オンデマンド印刷サービスのキンコーズ・ジャパンが運営するコワーキングスペース「ツクル・ワーク」では、一部地域を除く全国のキンコーズの店頭サービスを割引で受けられる特典をプレミアム会員限定で提供しています。

レンタルスペース・スペース貸し出し

コワーキングスペースの一部、または全部のスペースをレンタルスペースとして貸し出す場合の料金プランについて説明していきます。金額は、収容人数や立地によって幅はありますが、1000円から5000円程度（都市部では3万円以上の場合もある）が1時間の相場として考えておくとよいでしょう。

なお、どの地域でも自治体による公民館のような施設などに、格安で使える会議室がありますが、そこにプランや価格帯を合わせにいく必要はありません。おおよそ1時間数百円で使えたりするのですが、その価格帯に合わせると、安さにつられて利用する人たちで、スタッフが対応可能な適正人数を超えたり、予約や顧客対応の多さから受付スタッフの対応が大変になったりします。

コワーキングスペースをレンタルスペースとして貸し出す場合、「Ｗｉ－Ｆｉや電源がある」「営業時間が長い」「利用時間や利用者、用途の制限がない」「空間のしつらえにこだわっている」など、自治体が提供する会議室などにはない強みがあります。そのため、もし金額を下げるのであれば、単純に料金を自治体の施設に合わせるのではなく、コワーキングスペースの月額会員のメリットとして

JR東日本の駅構内に設置されている「STATION WORK」

「月額会員の方は利用料金が半額になる」など施策を組み合わせるとよいでしょう。

料金プランに関しては、収容人数に合わせて価格帯を高めておくのがベストです。また、貸し出すスペースについても、個室空間を貸すだけではなく、スペースの一部をパーテーションなどで区切って貸し出すケースもあります。

駅構内で使える個室ブース

都市部や主要な駅では、近年個室型の貸し出しブースも増えてきています。ＪＲ東日本の駅構内に設置されている「STATION WORK」は１５分ごとの料金体系で使えるブースになっており、電車の移動中に、駅構内で少し作業が必要になったりオンライン会議が必要になったりした場合などに使用できます。また、新型コロナウイルス感染症によるオンライン会議需要の拡大に伴い、このようなブースをコワーキングスペース内に設置し、個室型のオンライン会議室として使用するケースも増加しています。

　こうしたブースは各メーカーによって開発・提供されており、導入を検討してみるのも一つの手です。

Section 5-2

さまざまな空間活用・マネタイズ

ここではコワーキングスペースという空間を活用したマネタイズ方法をご紹介していきます。コワーキングスペースを開業するにあたり、「一時利用や月額会員という売上以外でもコワーキングスペースを活用するケースを作りたい」「親和性のある施設を併設してマネタイズをはかりたい」といった場合の事例をご紹介します。

レンタルスペースとしての活用

まず、空間を活用したマネタイズ方法としてイメージしやすいのは、コワーキングスペースの一角に貸し会議室やイベントスペースを作り、レンタルスペースとして場所を貸し出すという方法があります。

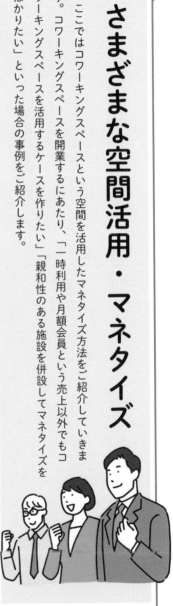

レンタルスペースの中でも、特に活用方法としておすすめしたいのが、「定期開催する教室への貸し出し」と「撮影部屋」としての貸し出しです。

例えば、塾や教室、講座などを定期開催したい事業者にとって、借りられるスペースの供給が足りていないことがよくあります。また、商業的な事業の場合、自治体の施設を借りることができず、かといって民間で貸し出されているスペースも小さすぎたり、希望する日に使えなかったりといったケースがあります。

そこで、レンタルスペースの定期貸し出しプランを作成し、毎週木曜日の午後の2時間だけといった期間を設定することで、ニーズを捉えたプランを提供することができます。定期的に利用してもらうことができれば、安定した収益源の確保にもつながりますし、何より、コワーキングスペースにとっても、一時利用や月額会員とは異なるユーザー層と接点を作ることができます。

コワーキングスペースに併設すると相乗効果のある施設の事例

続いて、コワーキングスペースに併設すると相乗効果のある施設の事例をご紹介します。主な施設としては、次のようなものが挙げられます。

- 撮影部屋
- シェア本棚、ハンドメイド雑貨販売スペース
- モノづくりのファブスペース
- カフェやバーなどの飲食店
- シェアキッチン

撮影部屋

昨今のYouTuber人気もあり、動画撮影ができる場所のニーズが高まっています。写真撮影が可能な部屋だけではなく、照明器具や音響設備を整えて、YouTubeの動画撮影部屋として提供することがおすすめです。撮影部屋の場合、機材が揃っていることで他のスペースに比べても大きな違いを出すことができます。

高額な機材を最初から揃える必要はありません。まずは、次のような機材を揃えましょう。

・グリーンバック
・照明
・モニター
・三脚

その後、YouTube撮影用の専用サイトを立ち上げたり、いくつも存在するスペースマッチングサイトに登録したりすることで反応を見て、利用者が多い場合は少しずつ設備を整えていくというのも一つの方法です。

コワーキングスペース「The DECK」

大阪の「The DECK」。コワーキングスペースエリア以外に、動画配信スペースやモノづくりスペースを備えている。

シェア本棚、ハンドメイド雑貨販売スペース

コワーキングスペースを利用する人の中には、「自分が好きな本を紹介したい」という人がいます。そのときに、一つの棚を月数千円などで貸し出し、その上で売上の数%といった形の手数料を受け取ることで、販売の委託を受ける事例があります。これがいわゆるシェア本棚です。シェア本棚においては、紹介している本でその人の興味関心や人となりがわかり、本をきっかけに会話が生まれることがあります。

また、「自分の作っている雑貨を販売したい」という人のためにハンドメイド雑貨販売スペースを作る事例もあります。ハンドメイド雑貨についても同様で、利用する方にとっては大きな収益につながるというよりは、それをきっかけとして交流が生まれるということが多いようです。

モノづくりのファブスペース

ファブスペースとは、レーザーカッターや3Dプリンターなどが利用可能な、モノづくりができるスペースのことです。ファブスペースをコワーキングスペースと合わせて運営することで、モノづくりに興味関心のある人たちが集まります。機材を利用する料金は、時間単位の場合もありますし、月額会員のオプション料金とする場合もあります。

おおたfab

東京都大田区の蒲田駅近くにある「おおたfab」。モノづくりスペースが広く、また、雑貨と書籍の2種類のレンタル棚も用意している。モノづくり関連のイベントも多く開催している。

カフェやバーなどの飲食店

コワーキングスペースに併設する形で、飲食スペースを用意する施設もあります。コワーキングスペースを通じて利用者同士のコミュニケーションをはかる上で、併設された飲食スペースがある場合、食事をしながら交流できるようになります。また、イベントを開催した後に、外部の飲食店に移動して懇親会、という形を取らなくてよいのもメリットの一つです。

ただし、コワーキングスペースは営業許可要件の不要な施設ですが、飲食店営業には保健所への申請と許可が必要となります。

シェアキッチン

飲食店舗に限らず、曜日替わりまたは時間替わりで料理を提供する事業者が異なる、シェアリング型の飲食店舗であるシェアキッチンを併設するコワーキングスペースもあります。コワーキング

Coworking Space Flat Cafe&Bar

千葉県松戸市の新松戸駅から徒歩10分にあるカフェ併設型のコワーキングスペース。夫婦で運営しており、アットホームで密なコミュニケーションから利用者の仕事の支援や交流の促進をしている。

NEKTON FUJISAWA

神奈川県藤沢市のコワーキングスペース＆シェアキッチン。地元で地域のフリーペーパーやインターネットメディア等を展開している事業会社が運営しており、シェアキッチンの利用者が、ドロップイン利用者の受付対応をするなどもしている。

スペースが創業支援や地域活性化の目的もある施設と考えると、シェアキッチンは飲食店舗開業のための創業支援であるといえます。創業支援という目的のつながりから、創業を目指す人・創業したての人に仕事場を提供するコワーキングスペースと、調理・販売の場所を提供するシェアキッチンとを同時に運営する事例も全国に増えてきています。

自社の新規事業の場としての活用

コワーキングスペースの運営事業者の多くは、コワーキングスペースと掛け合わせて別の事業を行っています。別事業を営む中で空いているオフィスを収益化する場合、コワーキングスペースの開設はおすすめの方法の一つですが、さらにそのコワーキングスペースを活用して、自社の新規事業を行う場とするのも手です。

新規事業の候補としては、例えばプログラミングスクールや教室系のイベントなどが挙げられます。また、撮影部屋の例も取り上げましたが、YouTube撮影機材を整えて編集スキルを持つスタッフを入れることで、受託事業としてYouTubeの運営代行をすることも可能です。

一つの事例として、滋賀県のコワーキングスペース「今プラス」では、Webエンジニアや動画撮影ができるスタッフを生かし、コワーキングスペースというリアルな場所を組み合わせた新規事業を行っています。地方では、こうした組み合わせを行っている事業者がないため、競合がいない独占事業者としての価値を作り出すこともできます。

新規事業の場としてコワーキングスペースを活用する場合、「自社にどんな人材がいるのか」を考えて、そこからコワーキングスペースを生かせる事業を考えてみましょう。それは教室系のイベントかもしれませんし、YouTube運営代行のような受託事業かもしれません。リアルな拠点を地方で構えつつ、新たな事業を行うことはチャレンジングでもありますが、新しい事業が上手くいけば、新たなマネタイズの方法として安定した収益を生み、次の事業の柱にすることも可能かもしれません。

なお、コワーキングスペースが自社の事業へと生きた事例としては、創業する人と接点が多い会計事務所・税理士法人が運営するコワーキングスペースの事例や、建築事務所の運営するコワーキングスペースがショールーム的な役割を果たしたことで仕事の発注が生まれた事例、Web制作会社やデザイン会社がコワーキングスペースを運営することでお客さまとの接点が増え、雑談などの中から発注が増えた事例なども聞きます。

自社のスキルや強みとコワーキングスペースというリアルな場を掛け合わせたとき、どんな新規事業ができるか、ぜひ考えてみましょう。

まちづくりの拠点としての活用

地方のコワーキングスペースの場合、まちづくりの拠点としての役割も求められます。滋賀県の「今プラス」の場合は、コワーキングスペースが地域でのハブ機能を担う際に、自治体との連携も必要だと考えて、自主的に自治体と関わる活動をしてきました。

その活動の一つが、自治体における入札業務を受託することです。これは新たな収益にもつながります。「今プラス」の事例としては、コワーキングスペースが位置する守山市での地方創生文脈における受託事業の獲得があります。守山市では近年、「起業家のあつまるまち 守山」をキーワードに地方創生を推進しており、その事業のPR業務を入札業務として公募していました。市外・県外へ守山市の認知を高め、起業家から選ばれる地域にするという事業です。入札を行い採択を経て、2021年にはPR業務をスタートし、メディアの運営やイベントの実施を官民連携で行っていきました。「今プラス」では、クリエイター向けのイベントやクラウドファンディングを実施したい人向けのイベント、スタートアップを体験するイベントである「Startup Weekend」のプレイベントなどを開催しました。このように、行政のまちづくり業務を落札することで新たな収益を作りつつ、コワーキングスペースというリアルな拠点とまちづくりを絡めて新しい可能性を作っています。

ただ、何でもかんでも入札業務を落札すればいいというわけではありません。個人的には、企画課

官民連携で行った滋賀県のWeb3イベント

や地方創生に関する課、移住に関する課などの業務が入札として出されている場合は、仕事を吟味しつつ入札に参加するとよいと思います。そうした課の業務は、自治体の中でもより市外へのPRを行いたい、コミュニティを作りたいと思っているケースが多く、仕事を通じて行政との関わりを作ることができるためです。何より、情熱ある職員の方とつながりを持てることは、コワーキングスペースとしても大きなメリットとなります。

ちなみに、収益化とは別の話になりますが、滋賀県の湖南市では情熱ある職員の方と共にコロナ禍で地域のお祭りを開催したこともありました。このようなイベントの開催にもつながることから、コワーキングスペースでの地域との関わりは、コミュニティ作りにおいても重要だと考えています。

設備を整えつつ、さらに自治体の直営施設は閉まることも多い土日祝や夜も利用できる場所になれば、よりスペースとしての強みを打ち出すこともできるため、コワーキングスペースとして別のマネタイズ方法を考えている方は、ぜひ参考にしてみてください。

他業種からの業態転換

最後に、他業種からコワーキングスペースへ業態転換することで収益化した事例を紹介します。AOKIのグループ会社、快活フロンティアの「快活クラブ」は、漫画喫茶の施設や運営ノウハウを生かしてコワーキングスペースを展開しています。カラオケ業界では、「パセラのコワーク」や「ビッグエコー」が、個室を提供するサービスを展開しています。昼間にカラオケルームとして利用してもらうよりも、テレワーク空間として貸し出すことによって、利用者の増加や利用時間数の伸びにより客単価が向上するなど、業態の転換も含めた戦略は大変興味深いです。パセラは他にも、カプセルホテルを改装した個室ブースを提供しています。また、ホテルの中のラウンジを改修したコワーキングスペース・シェアオフィスなど、他業種からもともとの空間・ファシリティを生かして業態転換する事例も増えています。

Chapter

6

施設関連

物件選定と内装

Section
6-1

物件選定

ここでは、コワーキングスペースを開設する物件を探す場合におさえておきたい観点を紹介します。物件選定は、コワーキングスペースの来客数や、事業として成り立つかどうかを左右する、特に重要な要素です。コワーキングスペースは、常に多様な人が訪れることで、コミュニティを生み価値を増します。特に、人口が限られる地方ではその達成は難しさを増し、複数の条件を同時に満たす必要があります。

物件選定における三つの条件

地方（ここでは「人口５万人から２０万人までの都市」）のコワーキングスペース運営に関する相談を毎月受ける中で、「今プラス」もそうですが、「どうやってもコワーキングスペースに人が来ず、利用する人がいない」というスペースは、地理的な条件や物件の条件を満たしていないことがわかりました。次の条件は、人口５万人から２０万人の人口の地域において、事業としてコワーキングスペースを運営する場合に、筆者（中野）が必要と考える地理上および物件上の条件です。

・駅から徒歩１０分以内

・車で片道20分圏内の人口が10万人以上
・坪単価が4000円以内で40坪以上の物件

これらを満たしていない場合、収益物件としてのコワーキングスペースは諦めたほうがよいと考えます。なぜこれら三つの条件をクリアする必要があるのでしょうか。それは、そもそも地方の場合、コワーキングスペースを利用するニーズが都心と比べて少ないためです。これは変えようのない現実であり、その現実の中でコワーキングスペースを収益物件として運営していくためには、先に挙げた三つが必要条件となります。

ただ、これらの条件を満たすだけでいいわけではありません。利用する人の目線に立ち、「これができるなら毎週でも通いたい」と考える人の要望を捉えて、それに対応できる場所にする必要があります。「顧客の困りごと」に対応することを前提として、利便性や一定の人口、物件の価格や広さといった三つの条件をクリアすることで、収益物件としての営業が可能となります。

それでは、三つの条件について、一つずつ詳しく説明していきます。

駅から徒歩10分以内

「駅から徒歩10分以内」という条件を満たした場合、一つの町の人口が5万人ほどだったとしても、隣町の人口も商圏として捉えることができます。また、駅の主な利用者は、通勤通学で利用する学生や大人です。自習スペースやリモートワーク先として利用可能な駅近物件であれば、それらの人のニーズを捉えることができます。

駅から近いことは、コワーキングスペースを日常的に利用してもらう上で欠かせない条件です。地方の場合、物件ありきで作ったが故に、駅から徒歩30分のような立地になってしまい、駅利用の人は明らかに使えないコワーキングスペースがあります。そうなると、日常的な利用ができるのは車を持っている人のみに限られてしまいます。人口が少ない地方において、立地面で利用客を絞ることはあまり賢明とはいえないため、駅からの徒歩圏内に位置していることはとても重要な要素です。

条件を加えるならば、駅の乗降客数は最低でも1日4000人以上が望ましいです。これよりも少なくなる場合は、対象地域内でこの乗降者数をクリアしている他の駅を探し、そこから物件選びをするのがおすすめです。

車で片道20分圏内の人口が10万人以上

コワーキングスペースから車で片道20分圏内の人口は、最低でも10万人以上を目安とするとよいでしょう。地域にもよりますが、車で片道20分から30分は「スペースを使うための必要な距離」として捉えられることが多いようです。コワーキングスペースをオープンしようとしている行政地域の人口が数万人であっても、車で20分圏内の人口が多ければ、広い商圏を持っていることになります。

例えば、滋賀県湖南市にある「今プラス」の店舗の場合、湖南市の人口自体は5万人程度ですが、車で20分圏内の人口は10万人を超えます。「今プラス」のもう一つの店舗がある守山市も、人口は8万人程度ですが、車で20分圏内の人口が20万人以上います。専用の駐車場はないのですが、それでもコインパーキングなどを利用して多くの方がコワーキングスペースを利用してくれています。

コワーキングスペースを作る際、行政地域の人口を調べることはとても重要です。そのとき、車で片道20分圏内にどれぐらいの人口がいるのか、そして10万人を超えているのかは、必ずチェックするようにしましょう。

坪単価が4000円以内で40坪以上の物件（地方の場合）

最後の条件は物件の価格です。先述の二つの条件をクリアしたとしても、物件の坪単価が1万円以上の場合、その物件で売上を作ることはできますが、利益を出すことは諦めたほうがよいでしょう。なお、より人口の多い地域では坪単価1万円台でも成り立っている施設も多く存在しますし、都市部では2万円台も聞きます。この坪単価の相場は、あくまで人口5万人から20万人の人口の地域においての条件です。

先述の二つの条件をクリアしたコワーキングスペースは、「毎週使いたい」という人が必ず存在するため、月額会員を獲得することはできます。ですが、坪単価1万円以上となると、毎月の固定費に対して月額会員の料金収入だけでペイするのが非常に難しくなります。もし坪単価が1万円の物件であれば、スタッフを置かず無人で運営することを検討したほうがよいでしょう。

坪単価が4000円以内であれば、スタッフの人件費もカバーしつつコワーキングスペースの運営を回すことができます。ただし、条件に合う金額の物件になかなか出会えないということもあると思います。その場合は、物件自体に当たりを付けた上で借りられるツテを探すこと、もしくは、地域の不動産会社に足しげく通って関係性を構築しておくことがおすすめです。

また、坪数を40坪以上としている理由は、コワーキングスペースに「集中できる空間」と「コミュニケーションが取れる空間」を両立させるためです。コワーキングスペースにおいて、「仕事や勉強をする人」と「コミュニケーションを取りたいと思っている人」のニーズをどちらも満たそうとした場合、物件のレイアウトとして一番おすすめなのが、集中スペースとシェアオフィスブースを作ることです。地方の場合、1人用の固定席となるシェアオフィスブースは少ないのですが、そのスペースを揃えるためにはある程度の広さが必要です。40坪以上の物件でないと、利用する空間が異なる利用者のそれぞれにとって窮屈なスペースとなり、仕事をするときの快適さが損なわれてしまいます。そのため、物件サイズは40坪以上を念頭に置き、「集中できる空間」、「コミュニケーションが取れる空間」、「レンタルスペースとしての空間」、そして最後に「シェアオフィスの空間」を作っておくとよいでしょう。

物件サイズが大きくなればなるほど坪単価も下がる傾向にあります。坪単価がなかなか1万円を割らないなど困っている方は、あえて予定しているよりも大きなサイズの物件を探してみるのも一つの手です。

物件ありきで考えてはいけない

最後になりますが、コワーキングスペースの開設にあたっては物件ありきで選んではいけません。

後述の内装や設備もそうですが、一度決めてしまうと後からの変更が難しくなります。「誰も利用者がいなくても大丈夫」「自分のオフィスとして活用するからよい」という場合は物件ありきでもいいのですが、そうでない場合、必ず「毎週利用しにきてくれる人」の目線に立って物件選びをしましょう。物件ありきで考えると、先述の三つの条件がクリアできず、結果としてコワーキングスペースに誰も来ることがなく、コミュニティも育たなくなってしまいます。

コワーキングスペースを地域の拠点として、また収益を上げる事業としても考えている場合は、先述した三つの条件をクリアした物件を探すようにしましょう。

Section 6-2

内装、設備

コワーキングスペースの内装や設備は、後から変えることが比較的難しい要素です。立地や広さ・ターゲットによる内装やレイアウトの例、コワーキングスペースに必要な設備や備品をご紹介します。

コワーキングスペースのレイアウト

コワーキングスペースのレイアウトのポイントは、「利用目的・利用シーンによってエリアを分ける」ことです。集中して作業したい人、オンライン会議をしたい人、交流・おしゃべりをしたい人が近くで混ざっていると、それぞれの利用目的を果たせなくなってしまいます。エリア分けができないほどの狭い面積でコワーキングスペースを開業する場合は、「全席通話ＯＫ」か「全席通話ＮＧ」のようにルールを一律にしたり、室内設置型の個室ブースで区切ったりといった対策が必要です。

コワーキングスペースのエリア分けのパターンは大きく三つに分類できます。

1. 「しゃべる空間」「しゃべらない空間」で分ける
2. 大きな1フロア・1部屋で、緩やかにエリア分けする（30坪以上の施設の場合）
3. 目的別にフロア・部屋を分ける

「今プラス」のレイアウト

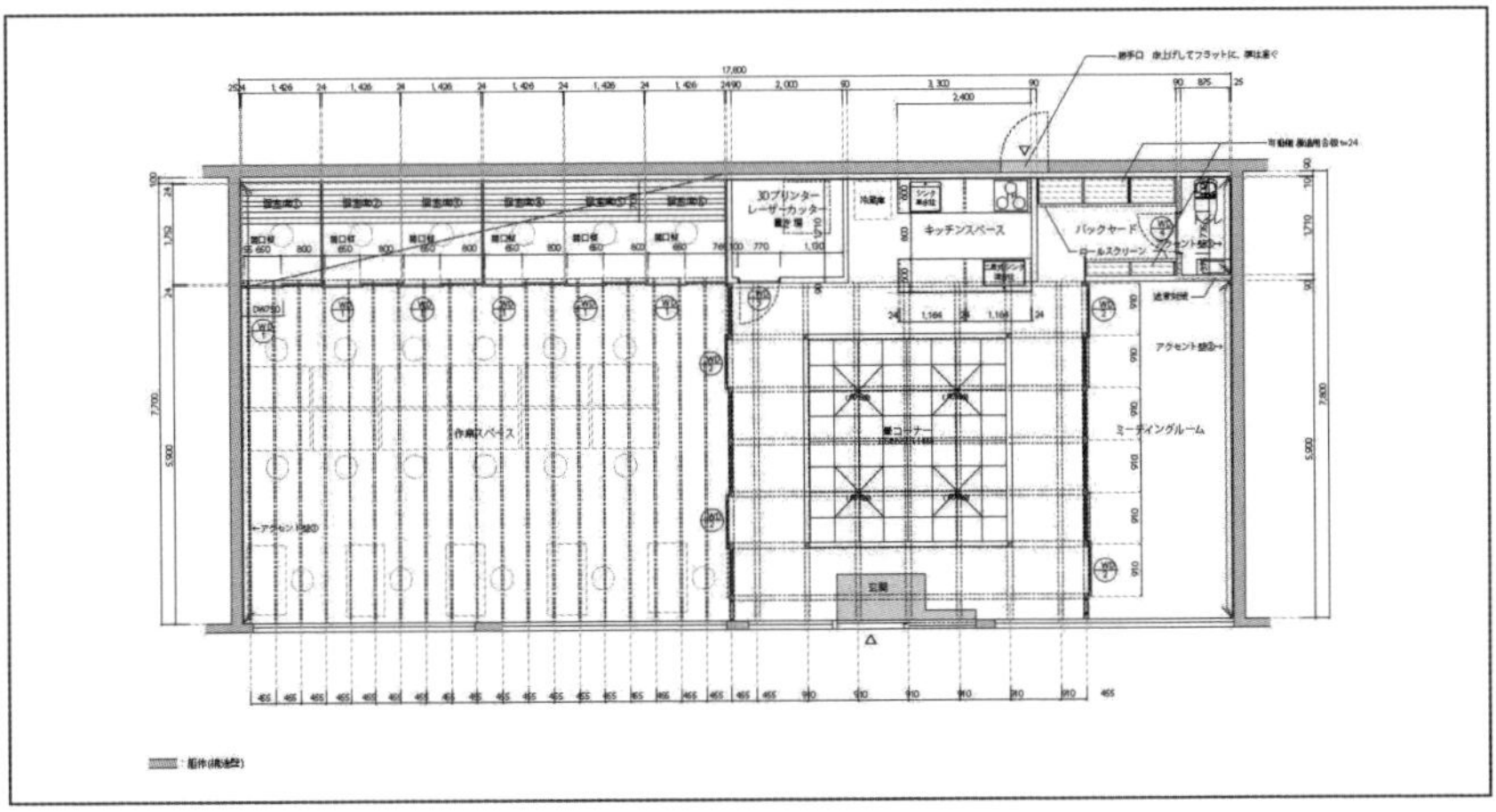

滋賀県湖南市にある「今プラス」の元歯医者さん店のレイアウト。図の左側は机が配置された集中スペース、右側が畳のコミュニティスペースとなっている。

①「しゃべる空間」「しゃべらない空間」で分ける

滋賀県の湖南市と守山市に店舗を持つコワーキングスペース「今プラス」は、「会話OKのコミュニティスペース」「会話NGの集中スペース」をしっかりと分けています。「コミュニティスペースにいる人＝話しかけてよい人」と視覚的にもわかりやすいため交流が促進でき、逆に誰とも話さず集中したい人は快適に作業できます。ある日はコミュニティスペースで雑談しながら作業、またある日は集中スペースで黙々と作業と、利用者も気分によって使い分けることができます。

②大きな1フロア・1部屋で、緩やかにエリア分けする

一つの部屋の中で目的別にエリア分けをするレイアウトもあります。その場合、「会話したい人」「集中して静かに作業したい人」「オンライン会議をしたい人」がそれぞれ干渉しないよう、少なく

「コワーキングスペース7F（ナナエフ）」のフロアマップ

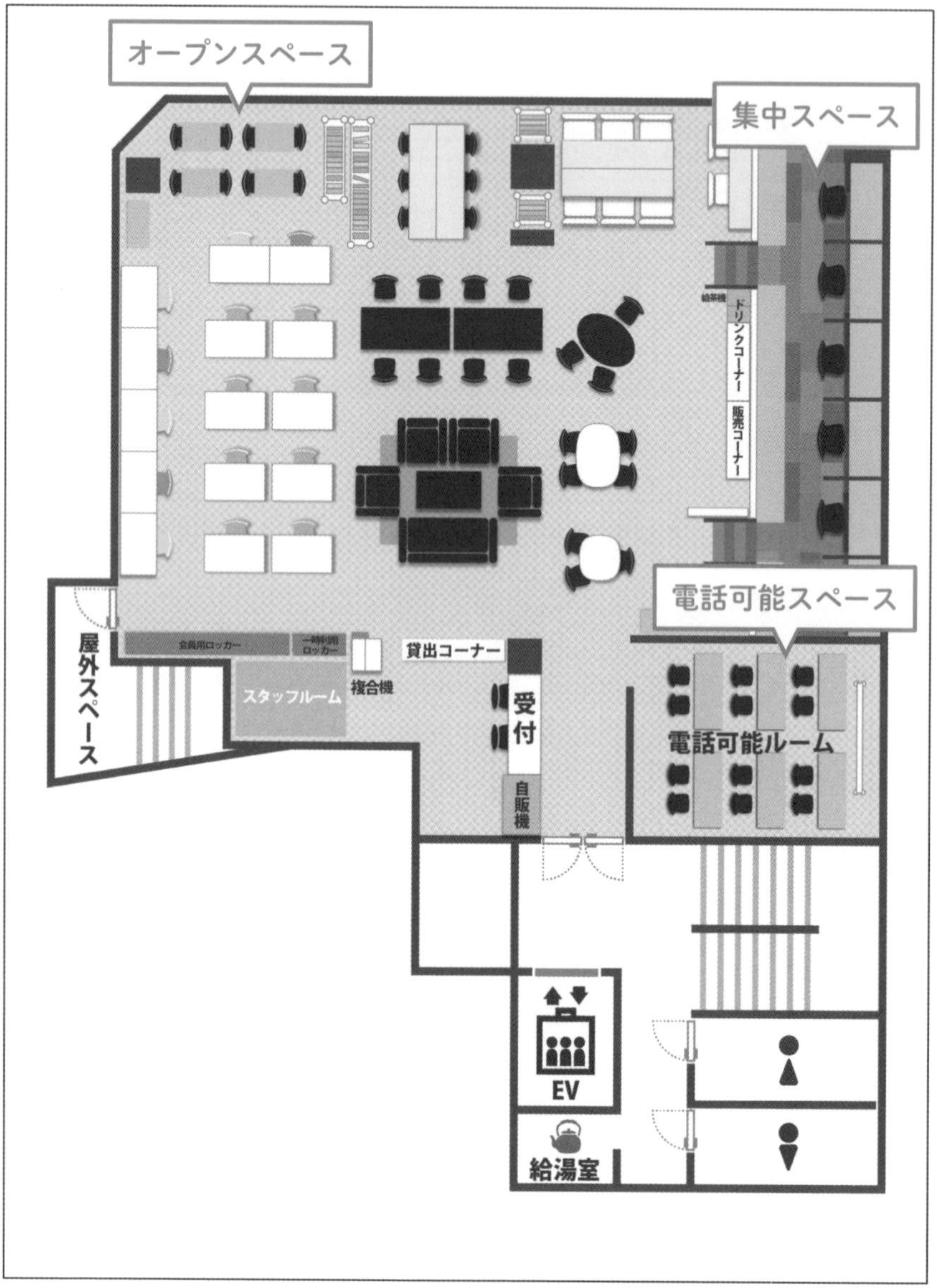

とも30坪以上の広さが必要です。

埼玉県さいたま市の「コワーキングスペース7F（ナナエフ）」は、65坪の一つのスペースを「オープンスペース」「集中スペース」「電話可能スペース」の三つのエリアに分けています。オープンスペースと集中スペースの間に壁はありませんが、集中スペースのほうが一段高い位置にあり、同じ部屋の中でも視覚的に明確に区分されています。

「オープンスペース」は、作業はもちろん、打ち合わせや雑談、食事もOKなスペースです。1人で作業できる机の他に、複数人で座れる丸テーブル、ソファ席、ハイカウンターなどを配置しています。

「集中スペース」は、その名の通り集中して作業したい人のための席です。すべての席をパーテーションで仕切って自席以外が視界に入らないようにしており、通話はNG、キーボードの打鍵音などの作業音にも配慮するようルール化しています。

「電話可能スペース」は、電話やオンライン会議をする人のためのスペースです。完全な個室ではありませんが、オープンスペースとは柱と扉で区切られています。

③目的別にフロア・部屋を分ける

複数フロア・複数の部屋のある施設なら、目的別にフロア・部屋を分ける形もあります。例として、兵庫県姫路市の「コワーキングスペースmocco姫路」は、大テーブルなどを置き程よくにぎわう「コワーキングフロア」、集中して作業したい人のための「サイレントフロア」、オンライン会議のための「フォンブース」とそれぞれの部屋を分けています。その他「会議室」が2部屋、個室の並んだ「シェアオフィスフロア」があり、利用者のニーズやシチュエーションに合わせた環境を提供しています。

東京都新宿区の「CASE Shinjuku」では、50坪のコワーキングスペースと、24時間利用可能な約50坪のシェアオフィス（固定ブース、シェアデスク）、六つの完全に独立した個室オフィスで構成されています。ある程度の広さがある施設は、コワーキングスペースとしてのフリーアドレスのオープンなエリア、シェアオフィスとしての個室、そして会議室を区分したほうがよいでしょう。

自社オフィスとの住み分け

日本におけるコワーキングスペースの黎明期（2010年代前半）には、コワーキングスペースと自社オフィスを分けず、コワーキングスペース内で運営会社のスタッフも作業をしているケースが多く見られました。近年はコワーキングスペースの大規模化に伴ってそのようなケースの割合が減り、自社オフィスは別に設置するか、同じ建物内でも別のエリアに設けるケースが多くなっています。

愛知県名古屋市の「ベースキャンプ名古屋」は、コワーキングスペースの中を通った奥に運営会社であるアップルップル（Web制作会社）のオフィスがあるレイアウトです。東京都品川区の「Contentz」は、コワーキングスペースと同じフロアの別の部屋に、運営会社のノオト（編集プロダクション）がオフィスを構えています。いずれもコワーキングスペースと運営会社の本業との親和性が高く、コワーキングスペース内の設備を利用者と共有したり、利用者と交流をしたり、自社のイベント会場としてコワーキングスペースを活用したりなど、運営会社にとっての利点にもなっているようです。

「ベースキャンプ名古屋」のフロアマップ

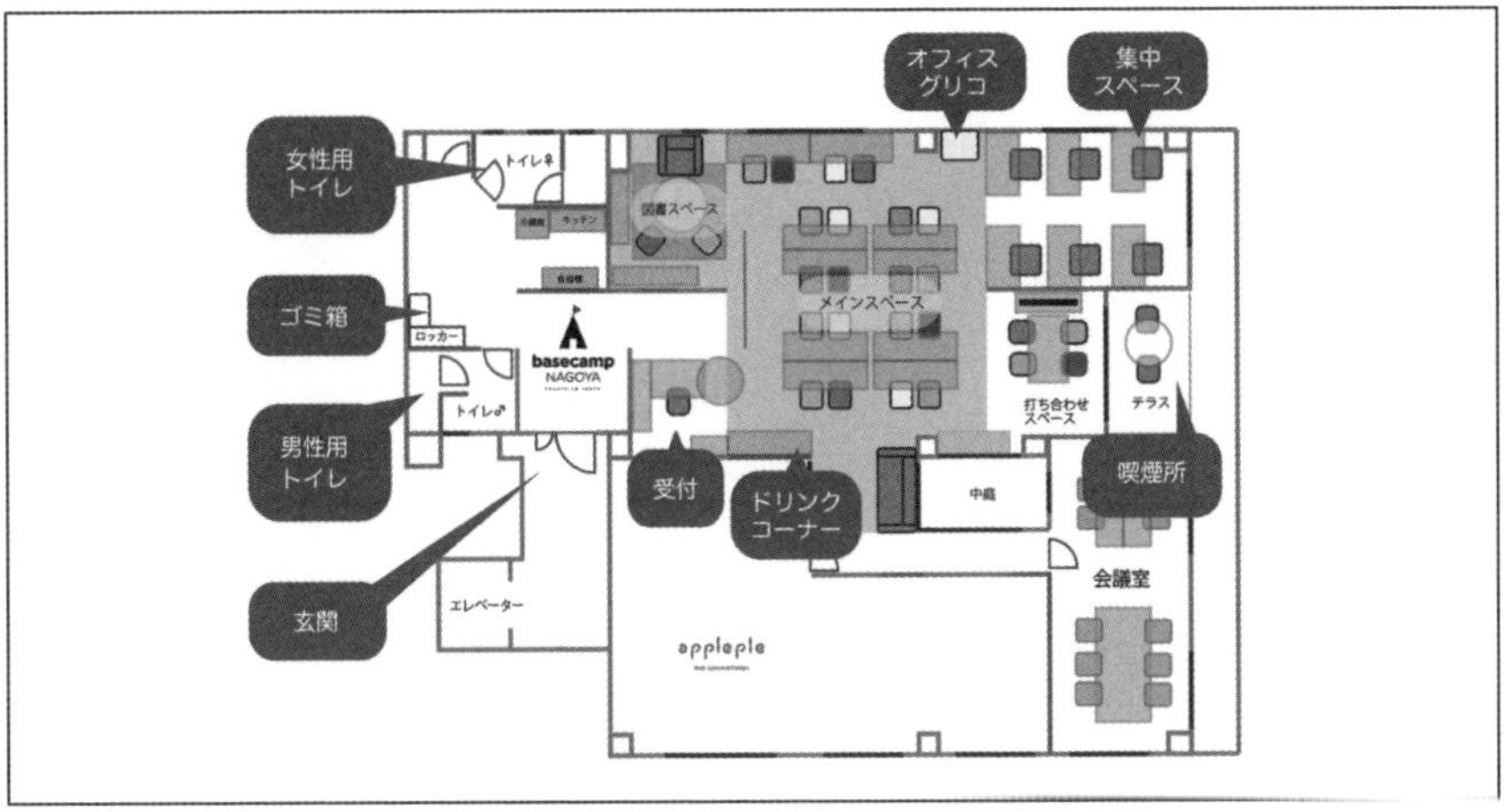

コワーキングスペース内を通って運営会社のオフィス（マップ下中央）へ入るレイアウトとなっている。

参照 https://basecamp-nagoya.jp/about/space.html

コワーキングスペースのインテリア

　コワーキングスペースは快適に作業ができる空間ですが、さらに「ただのオフィス」と差別化をはかるために、インテリアにも工夫をこらしているコワーキングスペースが多くあります。大阪府大阪市の「コワーキングスペースGRANDSLAM」は、壁の一面を大きなホワイトボードにしており、訪れた人たちがメッセージを書き込めるようになっています。さながら大きな寄せ書きのようで、多様な人々が集まっている様子が視覚的にもわかります。他には、壁を黒板にしてチョークアートで空間を演出しているスペースもあります。

　貸し会議室検索サイト「会議室.COM」を運営するアスノシステム株式会社による東京都港区のコワーキングスペース「A-Point竹芝」は、会議室やオフィス用の製品・サービスのショールームとしての機能も担っており、実際のオフィスでの利用イメージが伝わるようなインテリアとなっています。ワイヤレスのプレゼンテーションシステムや人間工学に基づいて設計された椅子を、実際に利用しながら体感できます。また、Ｗｅｂサイトには、スペース内部の様子がわかるよう３６０度カメラで撮影したバーチャルツアー画像も掲載されています。

コワーキングスペースの席の種類

コワーキングスペースに設置する席は、次の種類が挙げられます。

オープンなフリーアドレス席

・１人の作業用（集中スペース）
　○会話・通話・オンライン会議ＮＧの集中作業用エリア
　○通話・オンライン会議ＯＫエリア
　○防音・吸音設備の個室
・複数人でのミーティング用
　○ハイカウンター（短時間の打ち合わせ、カジュアルな打ち合わせに）
　○打ち合わせテーブル（完全な個室にしなくても、本棚などで区切ると目隠しになる）
　○複数人用ソファの応接セット（かしこまった商談、会員との契約時などに。空いているときは休

「i-Office津田沼」の１人用ソファ

視界が遮られる形の１人用ソファ、通称「おこもり席」。休憩の他、読書に没頭したいときに利用する人もいるとのこと。

憩スペースにも使える）

・休憩用
　○１人用ソファ
　○リクライニングチェア
・交流用
　○カウンターテーブル
　○畳やちゃぶ台
　○卓球台

個室

・シェアオフィス
・会議室（ミーティング、セミナーや勉強会等のイベント用）

室内設置型の個室ブース

コワーキングスペースやシェアオフィスに設置する個室ブース自体を製造するメーカーも、国内外に存在しています。海外では、２０１０年に設立されたフィンランドのオフィスファニチャー企業のframeryが挙げられます。スタイリッシュで防音性に優れたワークプレイスを設計・生産しており、世界７０カ国で2万以上のブースを販売しています。日本でも代理店を通じて販売されています。また、２０１７年にアメリカで創業したメーカーのROOMは、電話ボックスのような個室ブースなどを販売しています。個室ブースにはペットボトル再生材料から作られた防音材を活用しており、１００％リサイクル可能と、環境に配慮した製品です。

日本では、ブイキューブがオカムラと共同開発した「TELECUBE」、コクヨの「WORKPOD」、富士フイルムビジネスイノベーションの「CocoDesk」など、さまざまなメーカーが個室ブースを製造しています。変わり種では、木材・木製品の提供と活用を行う株式会社長谷萬の木製Ｗｅｂ会議ブース「MOKUCUBE」があります。個室ブースにもさまざまな工夫がなされていて、機能によっては特許などの知的財産権も関連しています。また、いわゆる駅ナカに個室ブースが設置されることも多く、それを通勤・通学中の人が見かけることで、広く認知されるようになってきています。

完全に仕切られた個室ブースは、消防法を遵守するために、天井にスプリンクラーや自動火災報知設備を付ける必要があります。造作することも可能ですが、消防法などの法律をおさえておく必要があります。個室ブースは新しいワーク空間として、換気性能や安全性、遮音性、集中しやすい環境デザインなどに対して研究開発が進んでおり、新しい市場としても期待されています。

働き方が多様になる中で、例えば「外出先で見つけた個室ブースで３０分だけ仕事する」などのように、隙間時間にも仕事ができるようになりました。働く空間そのもののバリエーションが広がっており、2022年には個室ブースを目にする機会も大変多くなりました。

コワーキングスペースにおけるトイレ

長時間の作業をする人が多いコワーキングスペースには、トイレも必須です。一つだけだと順番待ちが発生してしまうため、二つ以上あることが望ましいでしょう。特に会議室利用やイベント利用で大人数の利用がある場合は、順番待ちでクレームにならないよう注意が必要です。

必ずしも男女別に分ける必要はありませんが、清掃のしやすさを考えると、スペースに余裕があれば、一番汚れやすい男性用小便器は女性用とは別に用意したほうがよいかもしれません。多様性に配慮して「ジェンダーレストイレ」を設置しているスペースもあります。特に女性用のトイレには、アメニティとしてマウスウォッシュや綿棒、つまようじ、生理用品等を設置すると、「気配りの行き届いた、女性にも使いやすいコワーキングスペース」という印象を与えることができます。

トイレが施設内にある場合は、施設の一部としてスタッフが日々管理し、清掃や備品の補充を行います。共有部に設置されたトイレの場合は、ビルが管理し、維持管理費用は共益費に含まれるケースが多くなります。

ハーマンミラーの「セイルチェア」

コワーキングスペースの設備

続いて、コワーキングスペースの設備について説明していきます。

机・椅子

コワーキングスペースの机・椅子は、必ずしも高価なものを揃える必要はありませんが、アピールポイントとして有効でもあります。IKEAなどのカジュアルな家具メーカーで購入したり、中古で揃えたりすれば、費用を抑えることも可能です。机なら作業に必要な道具を広げて窮屈ではない広さのもの、椅子なら背もたれ・キャスター付きで高さが調整できるものと、ワークスペースに適したものを選びましょう。特に椅子は、長時間集中して作業しても疲れないものを用意すると喜ばれます。ハーマンミラーの「アーロンチェア」「セイルチェア」、オカムラの「コンテッサ」など名の知られた高機能椅子は、施設の付加価値としてもアピールすることができます。

コワーキングスペースには、作業に集中できる場所だけでなく、休憩したり交流したりするためのスペースも必要です。1人用の作業机だけではなく、複数人で囲めるカウンターテーブルなどがあるとよいでしょう。ユニークな例としては、卓球台をデスク代わりに置いているコワーキングスペースもあります。JOIFA（一般社団法人日本オフィス家具協会）の推奨するオフィス用机の高さが720mm、卓球台は高さ760mmと差があまりないため、卓球台の周りにオフィス用の椅子を配置すると作業に使うこともできますし、イベント時は本来の卓球台として使うこともできます。

空間作りのコツとして「机・椅子の高さを統一しない」ことが挙げられます。画一的な高さにしてしまうと昔ながらのオフィスのような堅苦しい雰囲気になり、少し圧迫感を覚えてしまいます。少し高さのあるハイカウンターや、逆に高さの低いソファ席などを配置することで、コワーキングスペースならではのオープンな雰囲気を演出するとよいでしょう。

コワーキングスペース内の座席の広さは、利用者一人ひとりの作業のしやすさと、コロナ禍では感染防止のための身体的距離確保の観点からも考える必要がありました。

机の横幅は100cm以上が望ましく、120cmあるとゆったりと作業することができます。奥行きは最低60cm、できれば70~80cm程度を確保するとよいでしょう。机・椅子のスペースに、通路や隣席との空間を加味した広さとして、利用者1人あたりに必要なスペースは2.5平米程度が目安といわれています。個室の場合は四方が壁に囲まれるため、圧迫感を避けるために、オープンスペースよりも少しゆとりを持って1坪（約3・3平米）程度のスペースを確保したいところです。

身体的距離の確保の目安として、一般社団法人コワーキングスペース協会による「コワーキングスペースにおける新型コロナウイルス感染症感染拡大予防ガイドライン」では「利用者の間隔が1m（可能なら2m）空くように席を配置する」と記載しています。

Wi-Fi

コワーキングスペースの提供するサービスとして、Wi-Fiは必須といえます。利用者によってWi-Fiを使う用途は、オンライン会議や動画のアップロードなどさまざまです。仕事場としての利用に耐えうる回線速度と同時接続台数、セキュリティを備えた通信環境を提供しましょう。安定した回線を求める利用者のために、必要に応じて有線LANも提供できるとベターです。

Wi-Fiを提供する上で考慮すべき点は、次の3点です。

- 回線速度
- 端末の同時接続台数
- セキュリティ

回線速度について、快適な通信環境を提供するために重要な要素が、ルーター・アクセスポイント等のネットワーク機器と、契約する光回線です。いずれも家庭用ではなく、ビジネス利用を想定したものにする必要があります。最新の通信方式である「ＩＰｖ６」、無線ＬＡＮの規格の「Ｗｉ－Ｆｉ６」に対応している場合は、高速Ｗｉ－Ｆｉを備えた施設としてアピールしてもよいでしょう。

端末の同時接続台数について、コワーキングスペースの利用者は、１人あたりパソコン・スマートフォン・タブレットなど複数台の端末でＷｉ－Ｆｉに接続することが想定されます。そのため、Ｗｉ－Ｆｉは施設を同時に利用する最大想定人数の３倍程度の台数が同時に接続しても耐えられるように設計しておきましょう。例えば、定員３０名程度の施設であれば、１００台程度の端末が同時接続できるルーターやアクセスポイントを設置する必要があります。

セキュリティ対策として、Ｗｉ－Ｆｉにはパスワードをかけることを推奨します。また、ネットワーク分離機能（プライバシーセパレーター）を使い、同じアクセスポイントに接続している端末同士の通信内容がお互いに見られないようにするとよいでしょう。

電源・コンセント

電源・コンセントも、コワーキングスペースには必須です。１人につき最低でも1口、できれば3口程度を用意しておくと、パソコンの充電に加えてディスプレイモニターを使ったりスマホを充電したりすることもできるため、利用者に喜ばれます。

可能であれば、施工時にＯＡフロア（配線のための空間を設けた二重床）にしておくと室内に満遍なく電源・コンセントを配置することができます。電源タップ（延長ケーブル）を床上に配置する場合は、つまずかないようモール（延長ケーブルカバー）で覆うとよいでしょう。

「CASE Shinjuku」の施設内

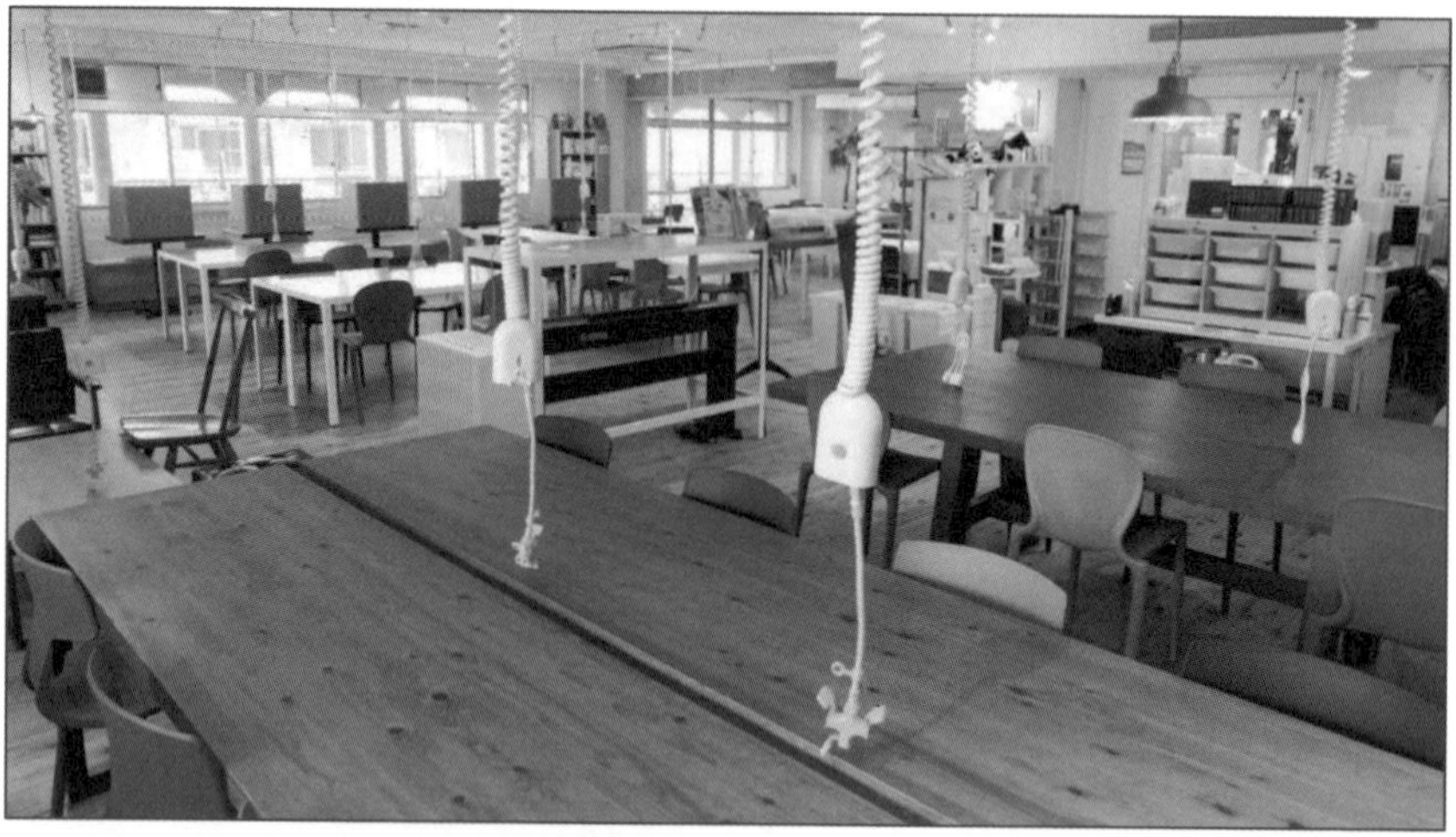

天井からコンセントをぶら下げている施設内観。

また、天井からコンセントをぶら下げるレイアウトもあります。ＯＡフロアを作るより初期工事費用が安いというメリットはありますが、施設内を見たときに常に目に付いてしまうことがデメリットです。

照明

室内は、パソコンや書類を扱う作業に支障が出ないよう、十分な明るさを確保する必要があります。ＪＩＳ（日本産業規格）の照明基準によると、事務所における推奨照度は５００～７５０ルクスと定められているので、この数値を目安にするとよいでしょう。ただし、室内の壁が暗い色の場合や、照明が白熱電球で色が蛍光色ではなく暖色の場合などは、十分な照度があっても暗く感じることがあります。壁は白色に近いほうが、より明るく感じます。また、十分な照度を確保していても、字の細かい書籍を読みながら作業をしている方など、室内の照明だけでは暗いと感じる利用者もいることが考えられますので、手元用のデスクライトを貸し出し用備品として用意するとよいでしょう。逆に、まぶしくて作業に支障が出ることもないように、窓にブラインドやカーテンを設けて室内の明るさを調節できるようにもしましょう。

照明をコワーキングスペースの演出に効果的に取り入れている例もあります。福岡県北九州市の「コワーキングスペース秘密基地」では、18時以降を「パブタイム」としており、照明の照度を下げてスペースの雰囲気を変えています。この時間帯は受付カウンターがそのままバーカウンターとなり、利用者の交流を促進する仕掛けです。

BGM

スペース内で音楽を流すか、それとも無音にするかは、好みの問題もありますが、特にこだわりがなければ耳障りでない程度の音量でBGMを流すことをおすすめします。無音だと、他の利用者の話し声やキーボードの打鍵音などのちょっとした音も気になり、ピリピリした雰囲気になってしまうためです。曲は、歌詞の内容が気にならないように、歌の入っていないインストゥルメンタル楽曲か自然環境音、日本語以外の言語の楽曲を選ぶとよいでしょう。

BGMはスペースの雰囲気の演出にも役立てることができます。例えば、昼間はゆったりしたテンポの曲を控えめな音量で流し、夕方はアップテンポな曲を少し大きめのボリュームで流すことで、夕方からは明るく交流しやすい雰囲気にする施設もあります。

店舗で音楽を流す際に、気を付ける必要があるのが著作権です。音楽を商用環境で利用する場合、著作権管理団体（JASRAC等）への申請と支払いが必要です。例えば、こだわりのレコードやCDを流したい場合は、施設運営者が自身で著作権管理団体へ申請・支払いをする必要があります。

そこまで強いこだわりがなければ、店舗用有線放送の「USEN」や、アプリで店舗用のBGMを再生できる「モンスターチャンネル」等、きちんと権利処理がされている商用BGMサービスを利用するのが手軽で安心です。これらの2サービスはいずれも時間帯によってチャンネル（楽曲のジャンル）を自動で切り替えられるので、例えば「閉店15分前から『蛍の光』を流す」といったことも可能です。

「YouTubeを使って歌謡曲等を流す」「Spotify等の個人向けサブスクサービスで音楽を流す」といった方法は、いずれも商用利用NGですので、気を付けましょう。

ドリンク

集中して作業したいときのお供や、ちょっとした息抜きとして、ドリンクが用意されていると喜ばれます。ドリンクの定番としては、コーヒーが挙げられます。中には、コーヒー豆が置いてあり、利用者が自分でミルを使って豆を挽く施設もあります。毎日決まった時間にスタッフがコーヒーをふるまうなど、ドリンクを中心にしてコミュニケーションの時間を設けているコワーキングスペースもあるようです。UCCの「ドリップポッド」など、カプセル式のコーヒーマシンもよく見かけます。昔ながらのエスプレッソマシンは、見た目はおしゃれですが動作音が大きいのが難点です。

ドリンクの提供方法は、「リース契約したドリンクベンダーを設置する」「お湯も出せるウォーターサーバーとともに、インスタントコーヒーやティーバッグを置く」「カフェバーを併設して、夕方か

カフェカウンターのあるコワーキングスペース「THE BRANCH」(埼玉県所沢市)

こだわりのドリップコーヒーやフルーツジュース、スナックを提供している。

らはアルコールも提供する」など、コワーキングスペースによってさまざまです。ドリンクをポットに入れて提供する場合などは、飲食店営業許可の対象となる場合もありますので、念のため保健所に確認しておくと安心です。利用者の利便性とスタッフの手間、コワーキングスペースのコンセプトや運営方針を考慮して、提供方法を選びましょう。

複合機

ワークスペースとして、コピー・プリントができる複合機の需要もあります。客先に持参する資料を印刷したい営業職の利用者や、紙に出力して確認したいデザイン業の利用者には特に喜ばれる印象です。家庭用プリンターでもないよりはあったほうが望ましいですが、印刷のスピードや質を考慮するとオフィス向けの複合機がベターです。

コピー・プリント料金の徴収方法は、コインベン

「コワーキングスペース7F（ナナエフ）」の複合機

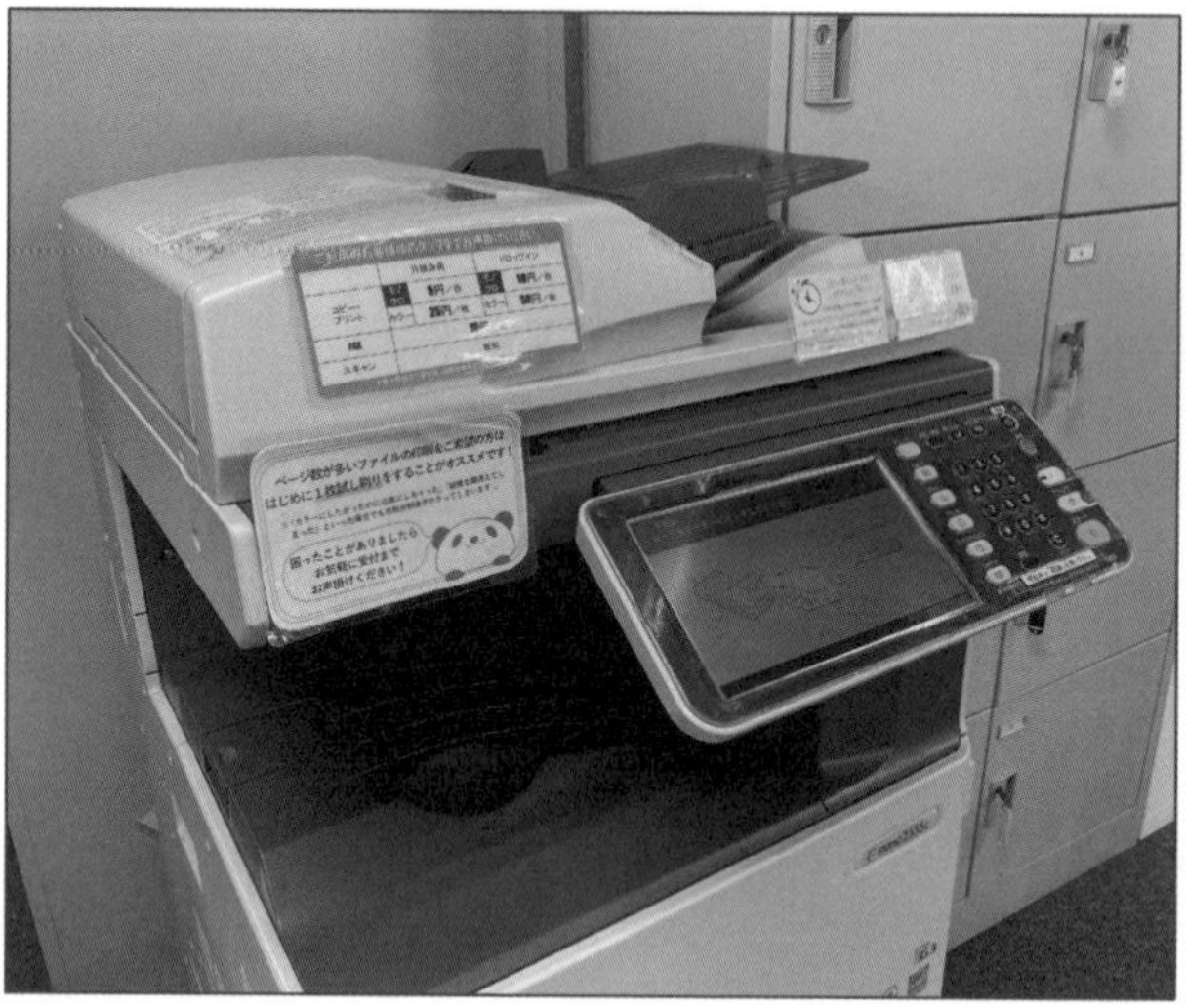

コピー・プリント・FAX・スキャンの機能を利用者に提供している。

ダー式や、交通系ICカードで決済できるものなど、さまざまですので、施設の運営方法に合ったものを選びましょう。

また、スキャン機能があると、持ち込んだ本を電子データ化したいという需要に応えることができます。その場合は、裁断機もセットで用意するとよいでしょう。

本棚・新聞ラック

本棚はスペース内の間仕切りに活用できる他、「どんな本を置くか」という点に施設の特徴が出てきます。地域活性化に力を入れている施設ならまちづくり系の本、子育て支援に力を入れるスペースなら子育て関連本など、置いている本の雰囲気で利用者の層をそれとなく絞ることができます。

新聞も置いておくと、日々の情報収集に役立てたい利用者に喜ばれます。日本経済新聞や地元の地方紙など、何誌か購読するのがおすすめです。

ビジネスライブラリー＆ワークスペースABBOCC表参道

青山ブックセンターによる選書4,000冊を配架。書店が運営する施設ならではの特徴を打ち出している。

中には、豊富な蔵書をアピールポイントにしている施設もあります。ブックオフコーポレーションが運営する東京都渋谷区の「ビジネスライブラリー＆ワークスペースABBOCC（アボック）表参道」では、併設されている書店の青山ブックセンターが選んだビジネス書４０００冊を配架しており、「本を通じて仕事へのヒントや学びを得たいビジネスパーソン」に向けた、ライブラリーとワークスペースを兼ね備えた施設となっています。

スマートロック

施設の管理において、施錠管理は確実に必要です。従来のシリンダーキーを利用した物理的な鍵の管理の他に、スマートロックを活用した管理が増えています。

スマートロックとは、玄関錠に後付けの専用機器を取り付け、スマートフォンなどから鍵の開閉ができるデバイスです。鍵を取り出さずに解錠や施錠ができるハンズフリーや、鍵の閉め忘れを防止するオートロック、インターネットに接続して遠隔で開閉など、運営側、利用側にとっても大変便利なツールになっています。

コワーキングスペースでは、ドロップインを受け付けている場合は不特定多数、会員のみでの利用の場合は特定多数の出入りがあります。コワーキングスペースやシェアオフィスは働く場所なので、営業時間が長いほうがユーザーにとっての利便性は高くなります。一方で、例えば24時間営業の場合、ずっと受付に人を置くかというと、人件費などの関係からなかなか難しい側面があります。

こちらが例えば24時間営業の飲食店だとすると、現時点においては人が何か食事を提供します。また清掃などもワークスペースに比べると人が行わなければいけない部分が大きいため、どうしても人が必要ですし、それだけの売上が立ちます。それに比べてコワーキングスペースが24時間営業する場合、夜間は最低限作業のできる場所を提供することができればよく、何かサービスを提供するために人を配置する必要が少ないため、飲食店等の業態と比べて施錠管理をスマートロックに任せ省人化、無人化する需要が高いです。スマートロックは遠隔でも操作できるため利便性が高まり、また入退場の記録が残るため、入り口のセキュリティを強化することができ施設運営をしやすくすることが可能です。

スマートロックのメーカーも国内外を問わずさまざまです。各サービスのご紹介は、次の表を参照ください。

ハード面の運営支援サービス

サービス名	会社名	URL	国	概要
akerun	株式会社Photosynth	https://akerun.com	日本	利便性やセキュリティを向上する、オフィス導入実績7,000社超のIoTサービス。スマホ・交通系ICカード・社員証が使える入退室管理システムでログ管理。勤怠システムとの連携も。完全後付けで工事不要なセキュリティスマートロック
AWAIR	Bitfinder, Inc.	https://getawair.com/	アメリカ	空気中の有害物質を感知し、室内環境を健康的で安全にするためのスマート空気モニター。ほこり・化学物質（揮発性有機化合物）・二酸化炭素・湿度・温度の五つをセンサーで計測し表示。空気管理のアドバイスも可能
Bitkey	株式会社ビットキー	https://bitkey.co.jp/	日本	スマートロックのbitlock、スマホがなくても鍵を開けられるbitbuttonなど、自律分散システムによる独自のキーテクノロジー「bitkey platform」を提供
Density	Density	https://density.io/	アメリカ	プライバシーを侵害することなく、建物や部屋の人口密度を測定
KEYVOX	ブロックチェーンロック株式会社	https://www.keyvox.co/	日本	さまざまなスマートロックに対応した、オフィスやスペースのアクセスコントロールプラットフォーム
kisi	kisi	https://getkisi.com/shared-workspace-coworking	アメリカ	クラウドベースのアクセス管理プラットフォーム。モバイルデバイスやカードを使ってエリアへの出入り制限を行う
L!NKEY	株式会社ユーエムイー	https://linkey-lock.com/	日本	株式会社ユーエムイーとサムスン電子が共同開発したスマートロック。外部予約システムや施設管理システムと連携豊富
Qrio Lock	Qrio株式会社	https://qrio.me/	日本	スマートフォンで鍵を操作できるスマートロック。アプリで合鍵のシェアもできるため物理的な鍵の作成が不要。買い切りでランニング費用なし。Qrio Hubと連動すると遠隔操作が可能
RemoteLOCK	株式会社構造計画研究所	https://remotelock.kke.co.jp/	日本	アメリカのLockState社が鍵を開発し、日本国内では株式会社構造計画研究所が販売しているスマートロック。鍵ごと交換するモデル、スマホも不要でテンキーで操作するモデルなどがあり、クラウドで解施錠のコントロールが可能
SESAME	CANDY HOUSE JAPAN 株式会社	https://jp.candyhouse.co/	日本	スマートフォンで鍵を操作できるスマートロック。WI-FIモジュール利用で複数のロックを管理可能。SESAME 4は4,980円（2022/10/7時点）で他社製品に比べて安価

セキュリティ対策（防犯カメラ・スマートスピーカー）

スマートロックを活用し、無人管理の時間を設ける施設では、なおのことセキュリティの確保も大切です。特に防犯カメラの設置は必須といえるでしょう。出入り口に設置することはもちろん、受付など金銭や貴重品・機密書類を扱う場所、全体が見渡せる場所、その他にもスペース内に死角ができないよう複数カ所に設置しましょう。防犯カメラは、撮影した映像が一定期間保存でき、スマートフォン等から遠隔で確認できるものを選ぶとよいでしょう。

無人の時間帯にトラブルが起きたときの対策として、防犯カメラとあわせてスマートスピーカーを導入している施設もあります。酒に酔って騒ぐなど、ルールにそぐわない使い方をしている利用者に対して、スピーカーから注意を呼びかけたり、緊急時に施設内にいる利用者と通話したりする際に便利です。また、スタッフ不在でもいざというときの連絡先がわかるよう、最寄りの警察署・消防署の電話番号をわかりやすく掲示するのもよいでしょう。

コワーキングスペースの備品

コワーキングスペースでは、利用者が作業をしやすいように、パソコン周辺機器や文房具などの備品を揃えると喜ばれます。施設の設備として共有で使えるようにする備品と、貸し出し・販売する備品とがあります。

巻末の付録として、用意しておくと喜ばれる備品を一覧にしたので、参考にしてみてください。

Chapter

7

体制

運営の構築と人材育成

Section
7-1

運営管理

コワーキングスペースの運営には、スタッフの出勤シフトの調整・管理、タスク管理など、さまざまな管理業務が必要です。ここでは、コワーキングスペース運営を管理する方法と管理ツールをご紹介します。

シフト調整・管理

コワーキングスペースでは、営業時間の長さや休日営業の必要性、またアルバイトの方が多いこともあり、シフト調整が必須です。1オペ、2オペで回すスペースもあれば、大規模なスペースであれば全体の管理のためにさらに多くの人数が必要な場合もあります、受付では案内からコミュニケーション、新規会員登録などが必要となるため、利用者対応が必要な時間にスタッフ不在となることがないよう、コワーキングスペースでのシフト調整は重要な仕事となります。

シフト調整ツールはいろいろとありますが、「今プラス」で使用しているのはリクルートの「Ａｉｒシフト」です。「Ａｉｒシフト」の特徴としては、アプリ側でアルバイトスタッフも見られるツールが導入されていることが挙げられます。また、利用料金も1人あたり月額１００円（税別）とリーズナブルな金額で使えるのが大きなメリットです。ただ、シフトの自動設定などが行えないため、マネー

シフト調整ツール「ShiftBalancer（シフトバランサー）」

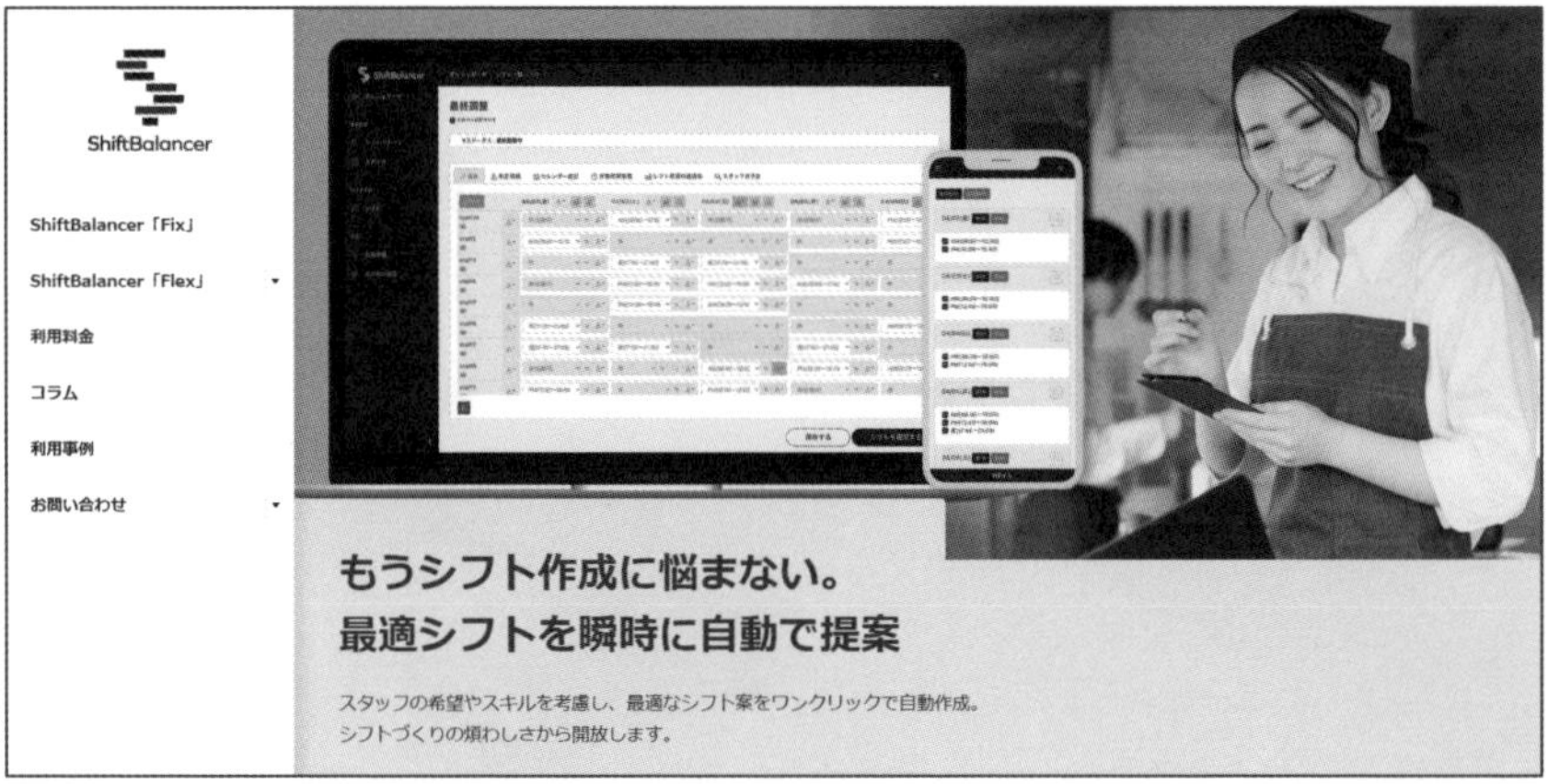

参照 https://shiftbalancer.com/

ジャー職の人材が月に一度シフト調整をして入力を行う必要があります。

以前「今プラス」では紙でシフトを管理していました。しかし、スタッフの人数が増えてきたり、店長職を置いて運営責任者を任せたりする場合、紙によるシフト管理では、突然のシフト変更はもちろん、普段のシフトのチェックも難しくなります。そのため、オンラインで操作できるシフト調整ツールを早い段階で導入しておくとよいでしょう。また、時給も入力できるため、ざっくりとした給与の確認も行えるのが大きなポイントです。

「コワーキングスペース7F」では、スタッフのシフト調整に「シフトバランサー」というWebサービスを使っています。作成したシフトをCSVで出力し、スタッフと共有しているGoogleカレンダーにインポートして、スタッフが自分のスマートフォンからシフトを確認できるようにしています。シフト確定後に体調不良などで急な欠勤が発生したときは、シフトに関する連絡専用のFacebook Messengerのグループでスタッフ全員に共有し、代替のスタッフを手配しています。Facebookに限らず、スタッフがシフト外で勤務していないときでも確認可能なチャットツールを用意しておくことをおすすめします。

勤怠管理ツールの例

「ジョブカン勤怠管理」を利用して、ICカードで打刻している様子。

勤務記録と給与計算

スタッフの勤務記録には勤怠管理ツールを導入するのがおすすめです。「コワーキングスペース７Ｆ」では「ジョブカン」というツールを利用しています。スタッフに専用のＩＣカードを配布してカードリーダーで出勤・退勤を打刻できる他、Slack連携による打刻も可能です。１カ月の勤務記録を翌月初めにダウンロードし、労務担当の社員が交通費なども確認した上で給与支給額を確定しています。

課題管理の例

オンラインのミーティングで、社内に課題を共有し、話し合う様子。

課題管理

コワーキングスペース運営における課題（改善点）を把握するため、利用者やスタッフから課題を吸い上げる仕組みを用意しておきましょう。スペース内に利用者が気軽に投稿できる意見箱を置いたり、フォームを設置したりするのがおすすめです。Googleビジネスプロフィールの口コミや、SNSへのコメントなどで寄せられた声も参考になります。

また、スタッフが利用者から直接受けたクレームや意見も、日報等を通じてスタッフ間で共有するようにします。すべての意見に対応する必要はありませんが、課題が埋もれてしまうことを避けるため、どんな小さな課題でも共有できるようツールを整えるとともに、課題についてミーティングで話す時間を設けるとよいでしょう。「コワーキングスペース7F」では、コワーキングスペー

毎日のルーチン作業はチェックリストで抜け漏れを防ぐ

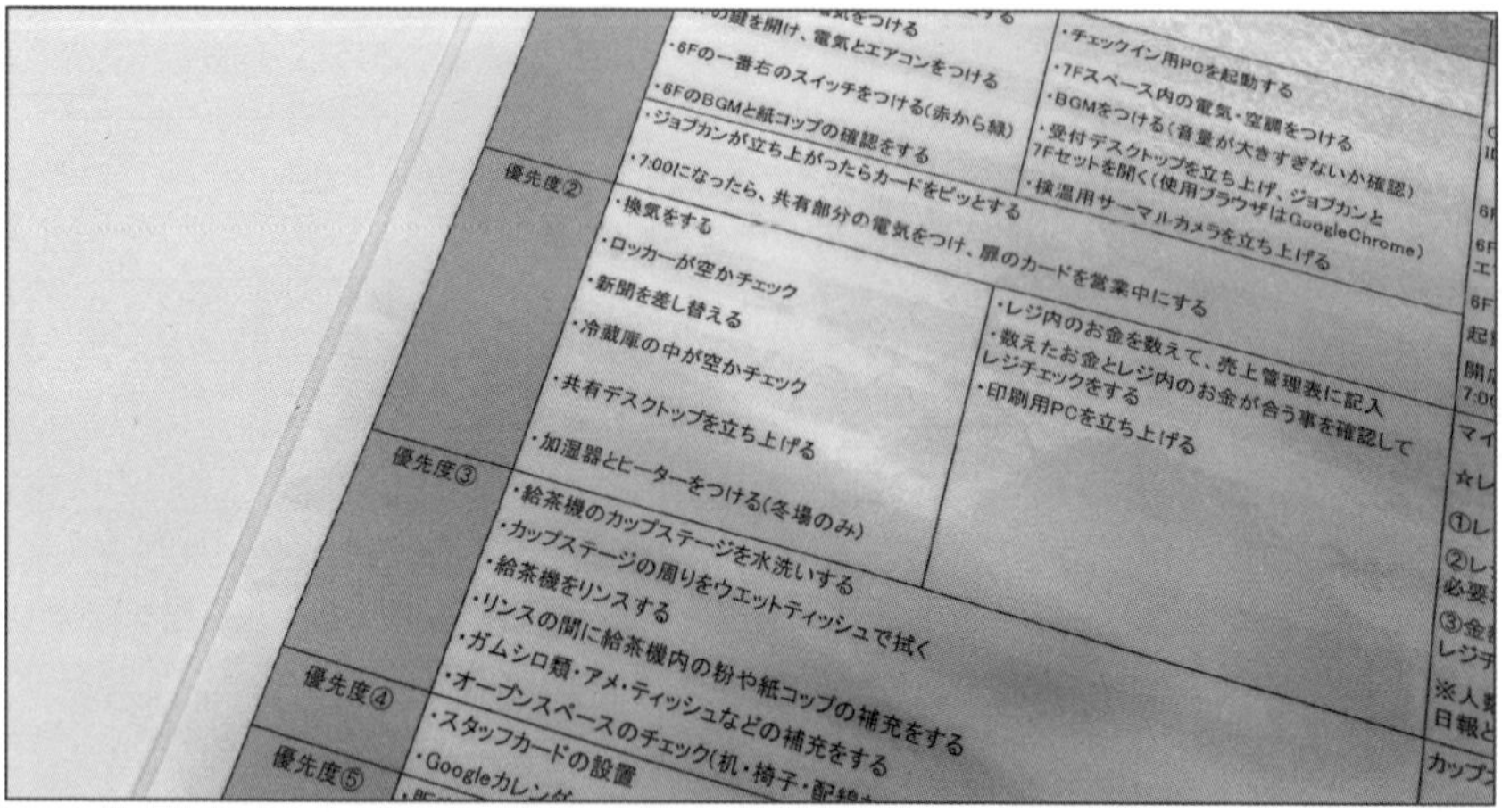

「コワーキングスペース7F」の開店時に行う作業リスト。ラミネートして受付に置き、スタッフがすぐに確認できるようにしている。

ス運営に関わる社員が気になること・解決したいことを日々Slackで共有しています。特に店長は、アルバイトのスタッフの日報のすべてに目を通し、社内にエスカレーションするべき課題を拾うようにしています。その中から特に話し合いたい課題があれば、週1回のミーティングの議題としてピックアップし、優先度・緊急度の高いものから解決策を話し合って、具体的なタスク（作業）に落とし込んでいます。

タスク管理

ある程度の規模のコワーキングスペースなら、日によって異なるスタッフが空間運営にあたるため、運営に必要なタスクを可視化して共有するツールが必要です。

毎日・毎週など定常的に行う作業は、Googleの「ToDoリスト」など、カレンダー形式で確認で

タスク管理の例

プロジェクト管理・タスク管理ツール「Backlog（バックログ）」を使ったタスク管理の例。

きるタスク管理ツールを使い、作業がその日のうちに終わらなければ翌日へタスクを移動して引き継ぎ、作業が完了したら次に実施する日にタスクを移動する方法が便利です。ただし、開店・閉店時に行う作業など、毎日必ず行うルーチン作業は、いちいちタスク管理ツールに登録すると手間がかかりすぎるため、チェックリストにまとめて作業漏れがないか確認するとよいでしょう。また、「すぐに対応が必要ではないが、対応する期日が決まっているタスク」も、カレンダー形式のタスク管理ツールに登録しておくとよいでしょう。

コワーキングスペース運営には定常業務以外に、非定常業務、特に目的と期限の決まったプロジェクト型の業務があります。新しいイベントの企画運営、スペースの増床、会員獲得のための新たなキャンペーン実施などがプロジェクト型の業務にあたります。このような業務は、カレンダー形式のToDo管理ツールよりも、「Backlog」などのプロジェクト管理ツールでガントチャートやカンバン形式を使い、「すべてのタスクのうち何割が完了しているか」「誰が担当のタスクがどれくらいあるか」といったプロジェクトの状態を見渡せているようにするとよいでしょう。

コミュニケーション管理（情報共有）

「コワーキングスペース7F」におけるスタッフ同士のコミュニケーションツールは、目的別に作成したFacebook Messengerのグループを使用しています。目的の種類は「業務の質問用」「シフト変更の連絡用」「前日夜のスタッフから翌日朝のスタッフへの引き継ぎ連絡用」などです。スタッフ同士の連絡内容は内容が多岐にわたるため、1カ所ですべてをやりとりしてしまうと本当に必要な情報が追えなくなってしまいます。FacebookやChatworkならグループを分ける、Slackならチャンネルを分けるなど、目的別にコミュニケーションが取れる場所を用意しておくとよいでしょう。また、その他に後述する業務日報を使い、その日にあったこと・引き継ぎ事項を共有しています。

コワーキングスペースは飲食店等に比べて、同じ時間帯に勤務するスタッフ数が少ない傾向にあるため、入るシフト時間帯によっては直接に顔を合わせてコミュニケーションを取る機会が少ないスタッフ同士も出てしまいます。そのため「コワーキングスペース7F」では、月に1回程度、任意参加のスタッフ交流会を開催して、同じ空間で働くスタッフ同士が交流できるようにしています。

スタッフ同士の業務管理

スタッフ同士の業務管理に必要なのは、次の3点です。

・マニュアル
・業務日報
・連絡ツール

マニュアル

コワーキングスペースの運営マニュアルはクラウドに保存し、スタッフは誰でも見られる・検索できる状態にしておきましょう。「今プラス」ではPDFとしてマニュアルを作成し、オンラインストレージサービスの「Dropbox」に保存しています。また、「コワーキングスペース7F」では、Googleドキュメントでマニュアルを作成してGoogleドライブ内に保存しています。保存したマニュアルは、スタッフが適宜改訂しています。その他、グループウェアのWiki機能を使ってマニュアルを管理するのもおすすめです。

コワーキングスペースのスタッフが対応する業務は、会計、清掃、問い合わせ対応、利用者とのコミュニティ作り等多岐にわたり、マニュアルもかなりの種類となるため、カテゴリー別に整理したり、キーワードで検索すればすぐに情報が見つかるようにしたりしましょう。

業務日報の例

コワーキングスペース7F　業務日報

5月10日(水)

【日報】

- 会議室に折りたたみ傘の忘れ物があったと利用者さんが届けてくれました。忘れ物BOXに保管しています。(山田)
- 春になったのでオイルヒーターをしまいました。(山田)

【引き継ぎ】

- 会議室の時計の電池が切れたため、アスクルに発注しました。5/11に到着予定なので、届いたら電池交換をお願いします。(山田)

【店長へ伝言】

- ふせんのストックが無いので、購入をお願いします！(星野)

業務日報

「コミュニケーション管理」でも触れましたが、業務日報はその日の業務中に起こったことと引き継ぎ事項を記録して、他のスタッフと情報共有するためのツールです。業務日報に使えるツールとしては、グループウェアの掲示板機能、チャットツール、限定公開のＷｅｂサイト等があります。「コワーキングスペース７Ｆ」ではChatworkを業務日報に活用しています。

連絡ツール

スタッフ同士で連絡を取ったり、運営者からスタッフへ連絡したりするためのツールも用意しておきましょう。「コワーキングスペース７Ｆ」では、Facebookのプライベートグループをスタッフ全員へのお知らせに活用しています。お知らせの内容は、例えば「年末調整提出のお願い」「シフト確定のお知らせ」「スタッフ交流会のお誘い」

などです。急ぎの連絡には、「業務に関する質問」「シフト変更の相談・報告」など、目的別に分けたFacebook Messengerのグループを活用しています。チャットツールは他にもSlackやChatworkなどがあるので、組織に合ったものを連絡用に用意するとよいでしょう。

ドキュメントの管理

コワーキングスペースの運営には多くのドキュメント（書類）が必要となります。最初から電子化できるのが一番ですが、新たな備品を購入した際に付いてくる取扱説明書など、どうしても紙のドキュメントがたまってしまいがちです。紙をそのまま保管するのは場所を取る上に検索性も低いため、業務に必要な書類は、オンラインストレージと連携できる「ScanSnap」等のスキャナーで電子化し、Googleドライブ等に保管しておくと便利です。

その他、コワーキングスペースの運営に必要なドキュメントには次のようなものがあります。紙への記入ではなくWebフォームを使う等、初めから電子化できるものは電子化しておき、保管・検索性の観点からドキュメントの管理を工夫して、コワーキングスペースの運営をスムーズにしましょう。また、利用者の個人情報が含まれるドキュメントは、アクセスできる人を限定するなどの措置をとり、適切に管理する必要があります。情報を取得する際にも、プライバシーポリシー（個人情報保護ポリシー）を明示し、利用者の同意を得ておきましょう。

アナログ運用における受付伝票の例

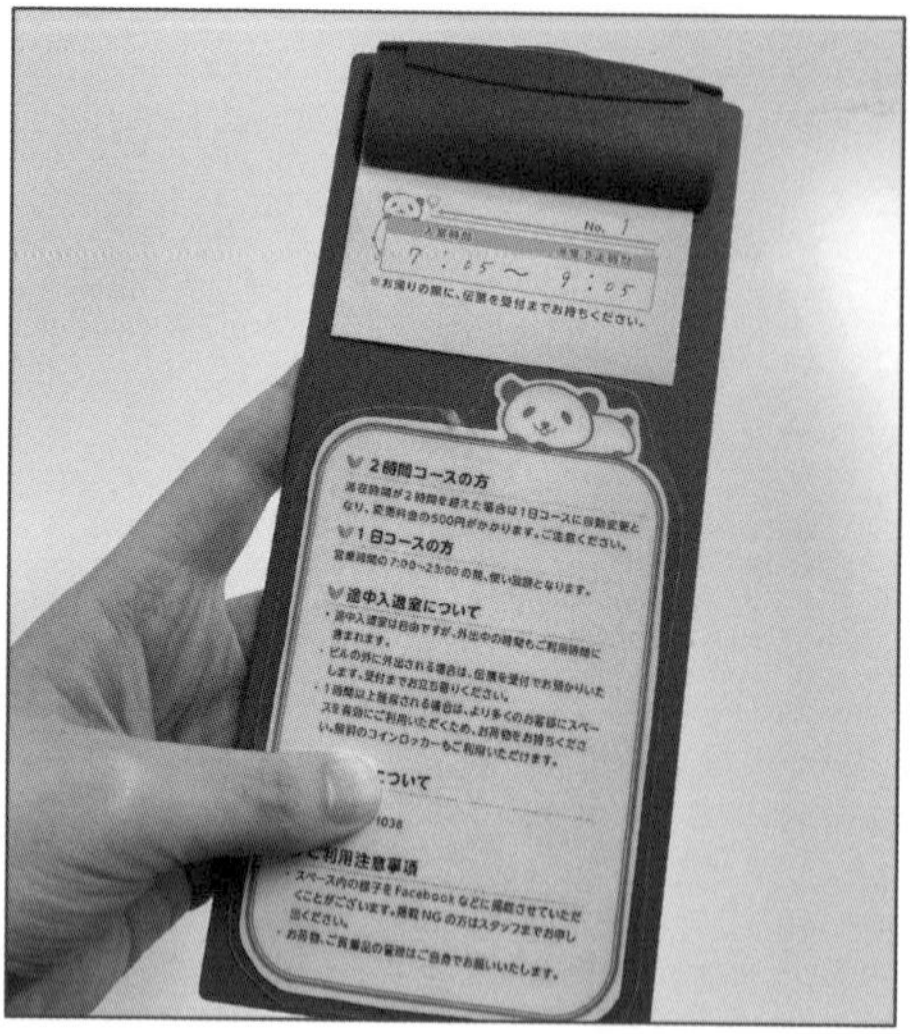

「コワーキングスペース7F」で使用している受付伝票。

- 受付台帳（利用者に記入してもらい、スタッフが管理するもの。紙で運用する場合、個人情報を隠すには目隠しシールが便利）
- 受付伝票（スタッフが入室時間と退出予定時間を記入して利用者に渡すもの）
- 利用者リスト（会員の登録情報や、イベント参加者の申し込み情報など）
- 貸出物管理表（紛失しやすい備品は受付内で管理する、貸出物に貼るシールも作る）
- スタッフ&会員紹介カード、名刺ボード
- コワーキングスペースが会員と結ぶ契約書
- 料金表などの施設案内チラシ
- 会員特典、会員向けオプション（例：住所利用）詳細など、利用ルールの説明
- 初めて利用する方向けの案内（英語版もあるとよい）

文房具置き場

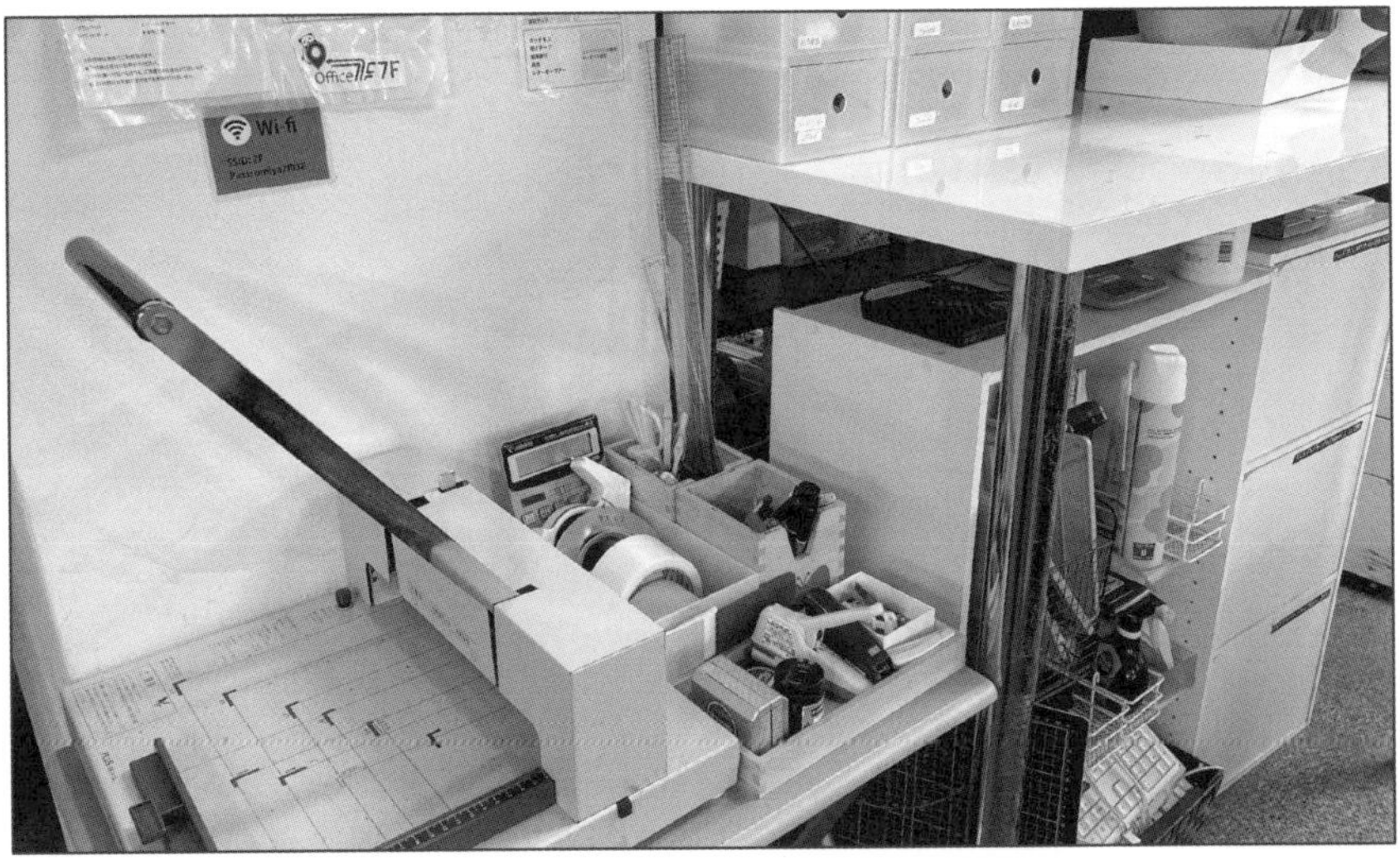

消耗品の調達

　貸し出し用の文房具、コピー用紙など、コワーキングスペースの運営に必要な消耗品の購入には、AmazonやアスクルといったECサイトを使うと便利です。保管場所のメモを兼ねた「在庫チェックリスト」を作り、週に1回在庫チェックをするタスクをToDoリストに登録しておくと、急な在庫切れで慌てることがありません。

　コワーキングスペースに必要な消耗品の例は、次のようなものです。

- 文房具（ボールペン、油性ペン、シャープペンシル、セロハンテープ、ホチキスの芯、ふせん等）
- 事務用品（領収書、封筒、クリアファイル、ラミネートフィルム、製本テープ等）
- 印刷用品（コピー用紙、トナー等）
- 掃除用品（ふきん、アルコールスプレー、ゴミ

コワーキングスペースの受付

ボタンを押すと音が鳴るチャイムを置き、受付を離れてもスタッフを呼び出せるようにしている。

袋、ほこり取り用ワイパー等）

・ドリンク関連用品（砂糖、ガムシロップ、ミルク、マドラー等）

・衛生用品（ウェットティッシュ、ペーパータオル、手指消毒液等）

受付システム

複数フロアを運営している施設などでは、スタッフが受付を離れる時間が生じることもあります。そんなときに、利用者が受付に来たことを知らせるツールがあると、待たせることなく対応が可能です。簡易的に対応するのであれば、ボタンを押すと音が鳴る市販のチャイムを置くのもよいでしょう。また、人感センサー等のＩｏＴを活用する方法や、「ラクネコ」「ACALL RECEPTION」等といった来客がタブレットを操作するとスタッフに通知が届く受付システムを活用する方法もあります。

ソフト面の運営支援サービス

サービス名	会社名	URL	国	概要
anyplace	キャップクラウド株式会社	https://anyplace.jp/	日本	あらゆる場所をワークスペースにする あらゆる場所を自分のオフィスにする 好きな場所で、好きな時間に働くためのIT ツール
Archie	Archie Inc.	https://archieapp.co/	カナダ	コワーキングスペース管理ソフト。2021 Best Coworking Space Management Software 2 位
Cobot	Upstream – Agile GmbH	https://www.cobot.me/ja	ドイツ	コワーキングスペースの管理運営ソフトウェア。Impact HUB Tokyo に導入済み
fixU	株式会社fixU	https://fixu.jp/	日本	コワーキングスペース・店舗の無人化を行うサブスクサービス
Nexudus	Nexudus Limited	https://www.nexudus.com/	イギリス	90 カ国以上で利用されるイギリス発コワーキングスペース運営支援システム。オペレーションの効率化や CRM、会計、在庫管理、コミュニティ運営のサポート、専用 Web サイトの構築など、コワーキングスペース運営の多岐にわたる業務をワンストップで管理・支援
OfficeRnd	OfficeRnd	https://www.officernd.com/	イギリス	コワーキングスペース管理ソフト。2021 Best Coworking Space Management Software 1 位
station	station,Inc	https://www.station.space/	日本	これまで見えづらかったコミュニティの資産や価値を可視化し、集客、活性化、メンバー LTV の向上など、コミュニティ運営における目的達成を助けるコミュニティデザインツール。2019 年、コミュニティマネージャーの学校「BUFF」とパートナーシップを締結
TAISY	株式会社funky jump	https://taisy.funkyjump.co.jp/	日本	BIRTH LAB のコミュマネ青木さんの経営する会社で提供している、主にコワーキングスペースを対象とした顧客管理のアプリで、現在実証フェーズ
TeamPlace	株式会社AnyWhere	https://team-place.com/	日本	"人" でつながるワークプレイスプラットフォーム。場所や関わる人、イベントなどの紹介、集客ができる。管理運営ソフトウェアをリリース予定
WorkstyleOS	ACALL 株式会社	https://www.workstyleos.com/	日本	リモートワークやテレワークに適したさまざまなサービスを提供しているプラットフォーム
むじん LOCK	株式会社コミューティコム	https://mujinlock.com/	日本	スマートロックを活用したドアの施錠・解錠、入退室履歴の管理、個室や固定席の予約、従量課金や定額制課金の請求・決済・入金までを自動で行うシステム

コワーキングスペースの運営を支援するソフトウェア

コワーキングスペースの運営では、日々さまざまなイベントが起こります。そのため、コワーキングスペースにおける仕事も、ブースや会議室などの予約の対応、月額会員やドロップイン会員などの会員の管理、会員へのお知らせの連絡、各種イベントの企画や告知、当日の参加者管理、また備品類の管理など、非常に多岐にわたる仕事が存在しています。

近年、コワーキングスペースの運営に役立つサービスやソフトウェアが登場しています。施設の管理、会員の管理、コミュニティの管理など、コワーキングスペースの運営をソフト面で支援するサービスを紹介します。

施設管理ツール

コワーキングスペースには、フリー席、固定席、個室、会議室、電話ブースなど、さまざまな空間があります。また、貸し出し備品類も、プロジェクターやモニター、充電器、電源タップなど、実に多種多様な物品があります。

空間や備品の管理方法も、コワーキングスペースによってさまざまです。まず考えられるのは、受付に管理台帳を配置して借りる際に記入したり、スタッフに都度確認したりといった、アナログな方法でしょう。ある程度の規模まではその形式で問題なく運用できますが、会員が３０人を超えた場合、管理施設や備品の利用頻度によっては施設管理用ツールの活用をおすすめします。

施設管理ツールによってコワーキングスペース内の空間や備品などをデータベースに登録すると、貸し出し管理を簡単に行えるようになり、業務を効率化することが可能です。また、ツールにできることは極力ツールに任せていくことで、利用者とのコミュニケーションなど、本来人がやるべき業務に時間を費やせるようになります。

海外では、イギリス発の「Nexudus」が、９０カ国以上で利用されているコワーキングスペース運営支援システムです。オペレーションの効率化やＣＲＭ、会計、在庫管理、コミュニティ運営のサポート、専用Ｗｅｂサイトの構築など、コワーキングスペース運営の多岐にわたる業務をワンストップで管理・支援できます。また、同じくイギリス発の「OfficeRnd」は、コワーキングスペースのオーナー向け情報をまとめる「CoworkingResources」による「2021 Best Coworking Space Management Software」というランキングで1位を獲得しています。

最近の日本国内では、「WorkstyleOS」や「むじんＬＯＣＫ」などの施設管理ツールをよく耳にします。「WorkstyleOS」は、会議室やフリーアドレス座席などのオフィススポットはもちろん、自宅やカフェ、外部会議室などのオフィス外スポットまで登録できる管理ツールです。利用するユーザーが勤務時にチェックインすることで、利用状況がチームへ共有されます。

また最近では、無人化、省人化運営を支援するツールも登場しています。例えば、コミュニティコムの開発する「むじんＬＯＣＫ」では、コワーキングスペース・シェアオフィスの予約管理や、請求・入金など決済業務を自動化するサービスを提供しています。スマートロックとの連動による運営効率化をはかる観点で、全国各地のコワーキングスペースなどに採用されています。

むじんLOCK

スマートロックで管理しているブース席

運営支援ソフトウェアの活用が進むことで、その分にかかっていた時間的コストが削減でき、コミュニケーションなど、人の手が必要な業務に還元されていく流れが期待されます。

空間プロデュースサービス

コワーキングスペースの空間のブランディングや設計施工、運営支援など、コワーキングスペースの開設から運営に関わる実務をプロデュースし支援するサービスについても紹介しておきます。「ツクルバ」「SALT」「ツクリエ」「リアルゲイト」「UDS」といった、さまざまな事業者がコワーキングスペースをプロデュースしたり、自治体から事業を受託してコワーキングスペースの運営に関わったりしています。

これらのサービスには、「ツクルバ」や「リアルゲイト」などのような建築面を主体に空間のプロデュースをするパターンと、「AnyWhere」などのようなＩＴ企業やソフトウェア系から派生して、コワーキングスペースの運営や集客のノウハウを生かして伴走支援に入るパターンがあります。どのような出身母体なのかによって、プロデュースや支援内容もそれぞれ特徴があります。

空間プロデュースサービス

サービス名	会社名	URL	国	概要
Smart Design Association	株式会社SALT	https://way.salt.today	日本	遊休不動産活用、地域活性化支援、コミュニティデザイン、デジタルコミュニケーションを手掛ける会社
Trist	株式会社新閃力	https://shinsenryoku.com/	日本	人、仕事、地域コミュニティをつなぎ、千葉県流山を拠点に各々のさらなる拡大活性化と自走を目指すためのプログラムを提供
UDS	UDS株式会社	https://www.uds-net.co.jp/	日本	小田急電鉄が株主。LEAGUEやToteなどを手掛ける、ワークスペースやホテルなどの企画・設計・運営を行う会社
ツクリエ	株式会社ツクリエ	https://www.tsucrea.com/#indextop	日本	Ogyaa'sなど、直営のインキュベーション系のコワーキングスペースを運営する他、Startup Hub Tokyoなど、自治体や他企業の受託でのコワーキング・インキュベーション系の事業を手掛ける会社
ツクルバ	株式会社ツクルバ	https://tsukuruba.com/	日本	「co-ba」を運営しているコワーキング事業者で、NEXs Tokyoなど、オフィス領域の空間プロデュース（企画・デザイン・設計）を軸とした事業企画・開発を手掛ける会社。中古・リノベーション住宅の流通プラットフォーム「cowcamo（カウカモ）」を運営している会社でもある
リアルゲイト	株式会社リアルゲイト	https://www.realgate.jp/	日本	PORTALPOINTなどのコワーキングスペースを手掛ける不動産コンサル。築古の中小ビルをメインに不動産を再生
AnyWhere	株式会社AnyWhere	https://anywhere.co.jp/	日本	設計事務所と連携し、コワーキングスペースやシェアオフィスの改修、開設・運営支援を行う

Section 7-2

人材採用・教育

よいコワーキングスペースを継続して運営するためには、コワーキングスペースに合ったスタッフを採用し、育てていく必要があります。ここでは、スタッフの採用・教育についてお伝えします。

採用計画

コワーキングスペースによって運営の方針はさまざまなため、必要な人材も異なります。例えば、コミュニケーションを活発にして利用者同士の交流を促したいスペースだったら、人と人とをつなぐためのハブとなる人材が必要となるでしょう。近年はコミュニティ作り・コミュニティ運営管理に特化した人材を「コミュニティマネージャー」という肩書で配置するスペースも増えています。また、創業・起業支援に力を入れるスペースでは、「インキュベーションマネージャー」として中小企業診断士の資格を持ち、事業者の相談に対応できる人材を配置することもあります。一方で、交流よりも集中して快適に作業ができることを重視しているスペースでは、場合によってはスペース自体を完全無人運営とし、清掃など最低限必要な作業を外部業者に委託するケースも考えられます。

特にスペース立ち上げの時期は、Ｗｅｂサイトのディレクションや広告出稿等を管理するマーケティング・クリエイティブの担当者も必要になりますし、資金調達や予算管理をする役割も必要です。自社の人員ですべてを網羅することが難しい場合は、プロに頼る方法もあります。例えば、空間プロデュースサービスを行う会社にサポートしてもらうことなどを検討してもよいでしょう。コワーキングスペースの運営に関する役割のうち、どこまでが必要か、そのうちどこまでを自社で賄うのか、どこからは外部のプロに任せるのかについて、計画を立てておきましょう。

コワーキングスペースの運営に必要な職種・スキルの例は、次のようなものが挙げられます。

- コミュニティマネジメント：利用者同士のコミュニティを作り、育てる
- インキュベーション：利用者の創業・起業支援。融資や補助金・助成金の情報提供、事業計画書作成のアドバイスなど
- 経営・マネジメント：コワーキングスペースを事業として運営していくための経営人材
- マーケティング・広報：自社媒体やSNS・外部メディア・広告を使った集客
- クリエイティブ：WebサイトやSNS、紙媒体のデザインや、動画制作など
- 財務・会計：資金調達や予算管理
- 法務：対賃貸不動産オーナーおよび対利用者との契約まわりの対応
- モノづくり・DIY：施設の造作と修繕

スタッフの雇用形態も、社内で別事業にも関わる社員が本業の傍らで運営するのか、専任スタッフ

を配置するのか、アルバイトスタッフ＋正社員で運営するのか、コワーキングスペースによってさまざまなパターンが考えられます。また、コワーキングスペースの規模や営業時間の長さによっても、適切なスタッフ数・体制は異なります。特に、受け入れられる利用者の人数は広さによってある程度決まるので、想定する会員数・一時利用者数を元に収支計画を立て、人件費にいくらあてられるのかを計画することが大切です。一般的な目安として、スペースの広さが４０坪以下の場合、広さからの売上の上限がありスタッフを常駐させることは人件費として難しいとされています。その場合は、入退室管理システム等を導入することでスタッフを配置せず無人運営化し、人が手をかけるのは清掃等の最低限の作業だけで済むようにすることも検討するべきでしょう。平日の日中だけ有人管理、早朝・夜間と休日は無人管理で月額会員のみ利用可能、という運営方法を取っているスペースも多くあります。

省人化できるところは省人化するのも一案

完全無人運営ではなくても、システムによって省人化し、人の手をよりクリエイティブな作業にかける判断をするスペースも増えています。例として、年中無休で朝７時から夜２３時まで営業している「コワーキングスペース７Ｆ」では、スマートロックと連携した入退室管理と請求金額の自動計算・決済のできる「むじんＬＯＣＫ」システムを導入しました。これにより、それまで全時間帯２人体制で配置していた受付スタッフを１人体制に省人化し、その代わりにイベント運営などの受付以外の作

省人化

「コワーキングスペース7F（ナナエフ）」では、入口ドアにスマートロックを取り付け、スマートロックと連携した省人化システム「むじんLOCK」を導入した。

業へと人的リソースを割り当てるようにしました。コワーキングスペースの運営に必要な機能のうち、「システム化できること」「人間でないとできないこと・人間がやったほうがよいこと」を分類することで、人数の少ない運営体制でも利用者の満足度が高いスペースを運営することが可能となります。

スタッフが担うべき作業がどれくらいあるのかを踏まえた上で、どのような属性・性格で、どのようなスキルを持つスタッフを・どのような雇用形態で・どのくらいの人数採用するべきなのか、スペースの目的と運営方針に沿った採用計画を立てましょう。

コワーキングスペースの定常業務

コワーキングスペースのスタッフが担う業務には具体的にどんなことがあるのかを説明していき

ましょう。コワーキングスペースのスタッフの仕事は、大きく「定常業務」と「非定常業務」に分かれます。

まず定常業務は、コワーキングスペースを運営するために必要な日々の作業です。型の決まった業務ですので、マニュアルを作って属人化を防ぎ、どのスタッフが対応しても差が出ないようにしておきましょう。ここからは、主な定常業務の内容を紹介していきます。

受付業務

ドロップイン利用者の会計など、コワーキングスペースを利用する人の受付対応です。コワーキングスペースの利用者は、お客さまでありながら「一緒にスペースを使うコミュニティの一員」でもあるので、最初の声かけは「いらっしゃいませ」だと少々よそよそしく感じます。入室時には「こんにちは」(朝は「おはようございます」、夜は「こんばんは」)、お帰りの際には「おつかれさまでした」「(スペースを利用してくださって)ありがとうございました」と声をかけるとよいでしょう。

初めて利用する方には、簡単にスペースの使い方をご案内するようにします。また、急いで利用したい方に向けて、Ｗｉ－Ｆｉの情報やスペース内での通話の可否、飲食ルールなどの注意書きをまとめた紙を用意して、口頭で説明しなくても必要最小限の利用方法がわかるようにしておくと親切です。さらに、海外からの利用者も想定して英語版の案内も作成しておくと、いざというときに役立ちます。

Webページの道順の説明

大宮駅からコワーキングスペース7Fまでの道のり

コワーキングスペース7Fスタッフが最寄駅である大宮駅から「コワーキングスペース7F & 貸会議室6F・シェアオフィス6F」までの道のりをご紹介します！
（大宮駅東口から徒歩1分の立地ではありますが、少し迷いやすいかもしれません。）

JRを利用してご来店くださるお客様は、**中央改札（南）**もしくは**中央改札（北）**をご利用ください。
（北と南は向かい合わせとなっています。※南側には「ecute」さんが入っております。）

改札を出られたら、南側からお出になったお客様は改札を背に右手方向へ、北側からの場合は改札を背に左手方向へお進みください。
東口方面の進行案内が目印です！

参照 https://office7f.com/map/

スペース内を快適に保つ

日々の清掃や備品の管理などは、利用者に気持ちよくコワーキングスペースを使ってもらうためには欠かせない仕事です。毎日の掃除は、営業終了後にロボット型掃除機に任せて省人化しているスペースもあります。本棚の整理やお手洗いの芳香剤の入れ替えなど、毎日は実施しないけれど定期的に行う必要のある作業は、ToDo管理ツールに登録しておくと、忘れずに一定の周期で実施できるので便利です。また、時間貸し制の会議室やレンタルスペースも併設している場合は、その準備と原状回復の作業も必要になります。

問い合わせや予約対応

電話やメール、SNSのメッセージで寄せられる問い合わせや、スペースの予約に対応することも、スタッフの大事な役割です。多くの方から寄せられる質問はWebページ上にあらかじめQ

&Aを掲載しておくと、利用者・スタッフの双方にとって問い合わせのための負担を下げられます。「席は空いていますか？」「予約しなくても使えますか？」という問い合わせも多く寄せられますので、WebページやSNSで混雑状況を発信したり、初めての方向けに利用方法を解説したWebページを用意したりしておくとよいでしょう。コワーキングスペースまでの道順を聞かれることもありますので、Webページには最寄り駅からのアクセス情報を写真付きで詳しく載せておくのがおすすめです。

スペースの予約受付は、予約管理システムを導入して自動化・省人化する方法もあります。手数料はかかりますが、「スペースマーケット」「インスタベース」などのプラットフォームで集客・予約受付・利用料徴収まで行う方法もあります。

見学対応

「これからコワーキングスペースを使ってみたい」という方の見学対応も大切な仕事です。見学対応をする際は、まず利用目的を確認するとよいでしょう。「オンライン会議ができる場所を探している」という場合はスペース内でオンライン会議可能なエリアと利用ルールを案内し、「パソコンで集中して作業したい」という場合は作業におすすめのエリアやモニター等の貸し出し備品を紹介するというように、一人ひとりのニーズに合わせた案内ができると、実際にスペースを利用する際にも迷わず快適に使ってもらえるでしょう。

また、「自分でコワーキングスペースを運営したい」「大学でコワーキングスペースについて研究して

「コワーキングスペース7F」に設置しているご意見箱

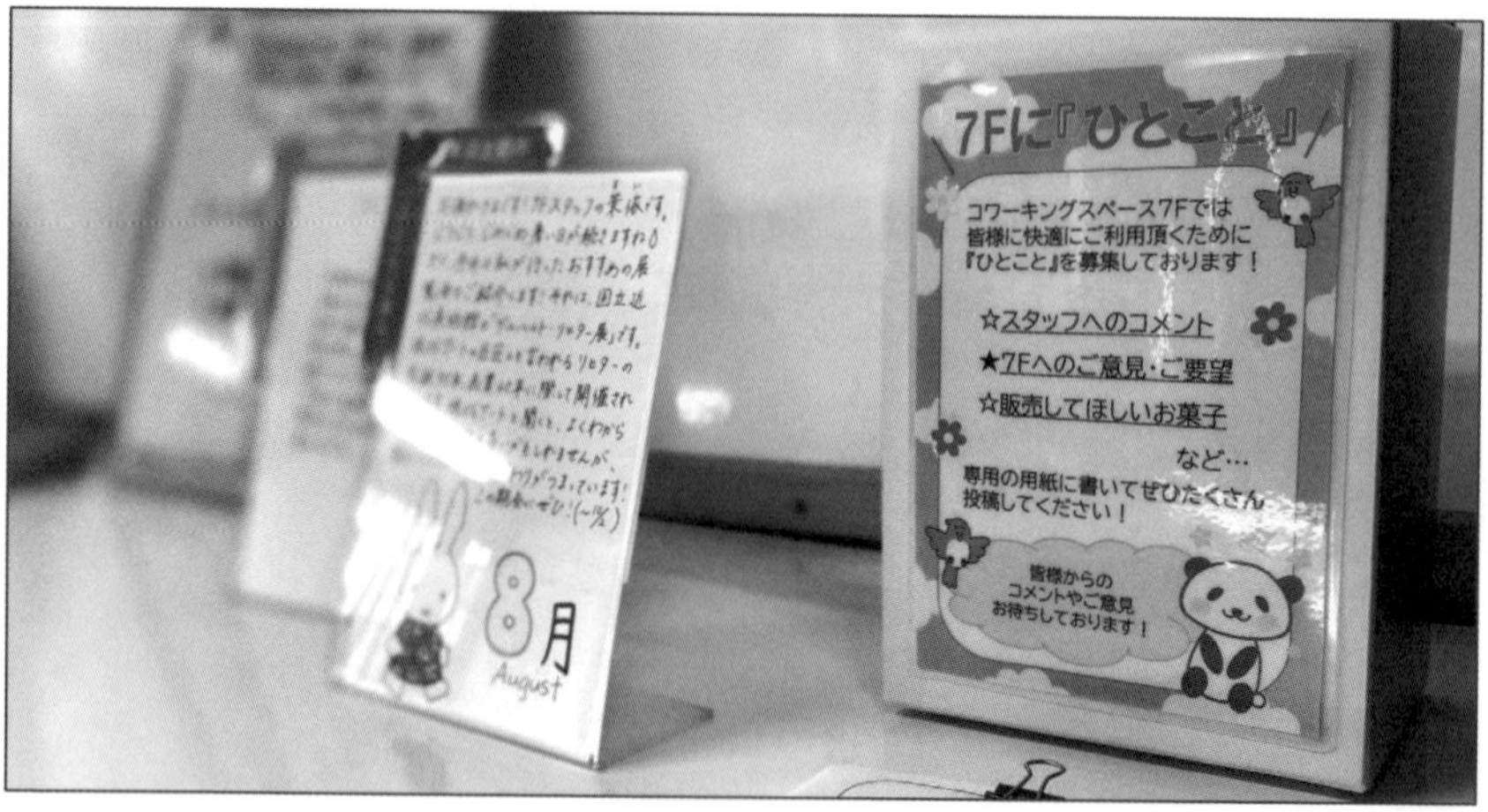

利用者から声を寄せてもらいやすくなる仕組みを作る。紙の他、Webフォームの QR コードを設置する方法もある。ご意見・ご要望以外に、スタッフの対応へのお礼など、嬉しい声が寄せられることも。

いる」という方が話を聞きに来たり、国や地方自治体の職員が視察に来たりすることもあります。自分のスペースを知ってもらう良いきっかけとなりますので、特別な理由がなければそのような見学も受け入れることをおすすめします。なお、視察については無料対応のみではなく、有料で対応しているコワーキングスペースもあります。

利用者とのコミュニケーション

困っている利用者から声をかけられたら対応するのはもちろん、何か探していそうな方にはスタッフから「何かお探しですか?」と声をかけるなど、かゆいところに手が届く対応を心がけましょう。顔なじみの利用者には、ドリンクコーナーで一息ついている際に「おつかれさまです」と声をかけるなど、日々のコミュニケーションを取っておくと、スペース内の改善につながる要望などを吸い上げやすくなります。面と向かって要望を言いづらい、という利用者のため、スペース内に「ご意見箱」を設置しておくのもおすすめです。

スタッフからだけでなく、利用者からもスタッフに話しかけやすいよう、その日のスタッフの自己紹介カードをスペース内に置いておくと、話題のきっかけにしてもらえるかもしれません。また、利用者限定のFacebookグループなど、オンライン上でもコミュニケーションが取れる場を用意しておくと、なかなかスペースには足を運べない利用者にも帰属意識を持ってもらえますし、イベントなどのお知らせを発信しやすくなるというメリットもあります。

仮に施設側の不備で利用者にご不便や不快な思いをさせてしまったときは、すぐに直接お詫びをすることも、スタッフの大切な仕事です。対面でのコミュニケーションの他にも、Googleビジネスプロフィールの口コミやSNSのコメントなどでネガティブなコメントがあったら、スペースをよりよく改善する糧と考えて真摯に対応しましょう。

ルールを守っていない利用者を見かけたら、見て見ぬふりをせず声をかける必要もあります。その際はいきなり注意するのではなく、「こちらの席は通話NGなのですが、あちらの席でしたら可能ですので、ご移動をお願いできますか」等、どうすればルール内で使うことができるのか提案するとよいでしょう。

ここで、利用者とのコミュニケーションにおける心構えで、筆者（山田）がとても参考になると感じたことを紹介します。それは、「今プラス」店長の下原さんがおっしゃっていた「今日しか会えない、という気持ちで利用者さんと接する」という言葉です。今日を逃したら会えないかも、という一期一会の気持ちでいると、初めての方にはより丁寧に接することができますし、常連さんに対しても「なあなあ」になることなく、新鮮な気持ちで接することができるように思います。「話しかけてほしそうな雰囲気を感じるけれど、どうしよう……」と迷ったときは、この言葉に背中を押してもらうようにしています。

コワーキングスペースの非定常業務

コワーキングスペースの仕事には、型が決まっていない非定常業務の割合が多くあります。スタッフには自分から非定常業務を見つけて能動的に動いてもらえるよう、「手が空いているときにはこんなことをしてほしい」とあらかじめ伝えておくとよいでしょう。それでは、非定常業務の例について紹介していきます。

ルール作り&見直し、ルールの周知

スペース内で発生する課題は「ルールを新たに作る・見直す・周知する」のいずれかで解決できることが少なくありません。例として、「コワーキングスペース7F」では「食事をする人の音とニオイが気になる」というクレームに対して、飲食ルールを「すする音が出てしまうもの・ニオイの強いもの（例：納豆、ニンニク）はNG」と定め、スペース内にPOPを掲示することにしました。明確なルールを定め周知したことで、音が気になりやすいカップ麺などは自然とご遠慮いただけるようになりました。

「コワーキングスペース7F」の飲食ルールのPOP

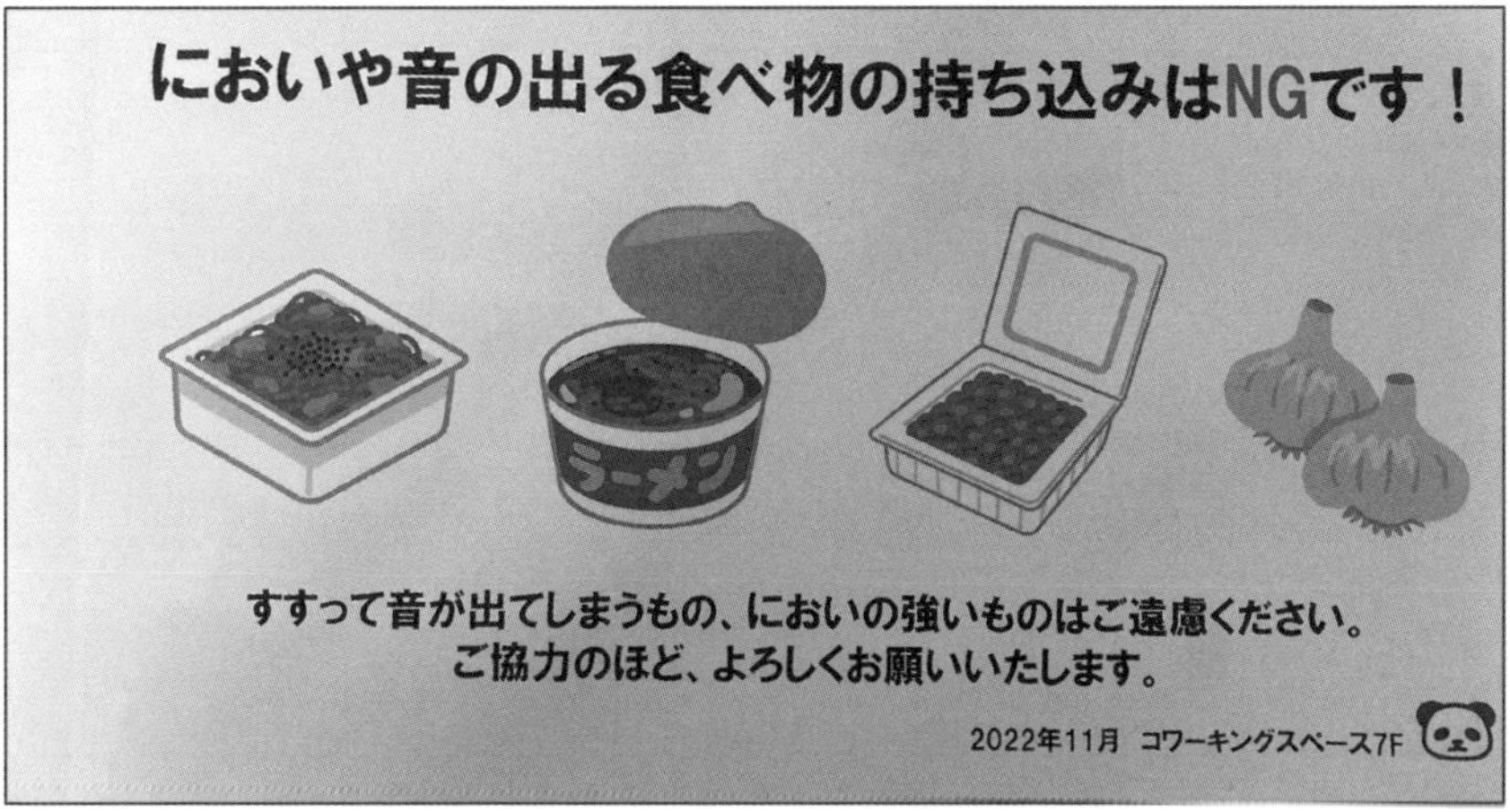
においや音の出る食べ物の持ち込みはNGです！
ラーメン
すすって音が出てしまうもの、においの強いものはご遠慮ください。
ご協力のほど、よろしくお願いいたします。
2022年11月 コワーキングスペース7F

利用ルールはスペース内のポスターやPOP、Webサイト、SNS等で周知する。特に、飲食ルール・通話ルールは初めての利用者でもわかりやすく明示しておく。

感染症の拡大など、世の中の状況に応じて、新たなルール作成や既存ルールの見直しが必要になることがあります。定めたルールは、スペース内のポスターやPOP、Webサイト、SNS等で情報発信して周知しましょう。

情報発信

Webページ、SNS、Googleビジネスプロフィールの更新と口コミへの返信など、複数のチャネルを使い分けて情報発信をすることは、コワーキングスペースの集客のために重要です。日々のスペースの様子や新しいスタッフの紹介、新しい備品やドリンクメニュー、あまり知られていないけれどちょっと便利なスペースの利用方法など、スペースの雰囲気を知ってもらうために定期的に情報を更新しましょう。近隣のランチスポットの紹介も、利用者に喜ばれます。また、利用者インタビューという形で、実際にどんな人

Webページと SNSの利用例

参照 https://office7f.com/category/staff/

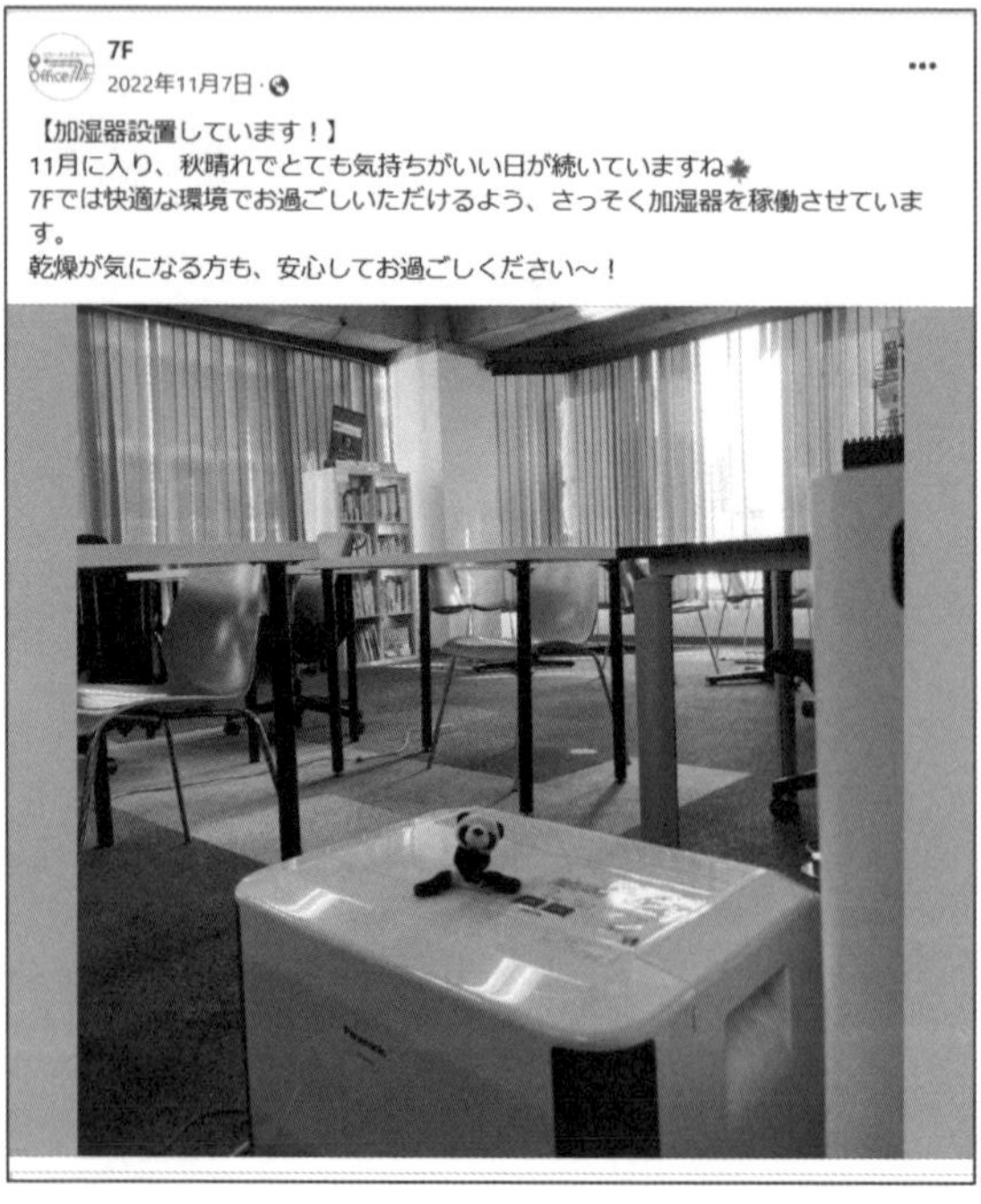

参照 https://www.facebook.com/office7F

が・どんな風にスペースを利用しているのか、事例を掲載するのもよいでしょう。

イベント企画・運営

イベントの企画・運営は、他の日々の業務と異なり、目的と期限が明確なプロジェクト型の業務です。通常の業務と並行して進めようとすると、期限に間に合わなくなったり、タスクを見落としたりしがちなので、担当者をアサインして、通常業務とは切り分けて進行するとよいでしょう。具体的なイベントの企画・運営方法は、「3-2 イベント運営・コミュニティ形成」を参考にしてください。

イベント用に区分されたスペースではなく、一般の利用者が作業をしているスペース内でイベントを開催する場合は、通常よりも騒がしくなりますので、利用者に対して事前にイベント開催の周知を行うことも大切です。

採用手段

コワーキングスペースのスタッフを採用する主な方法としては、次の3点が挙げられます。それぞれ一つずつ説明していきましょう。

- 自社サイト
- リファラル（紹介）

・広告

自社サイト

筆者（山田）が店長を務める「コワーキングスペース7F」では、「自習に使える場所を探してコワーキングスペースのＷｅｂページを見たら、スタッフを募集していることを知り、応募しました」というスタッフが複数名います。また、珍しい例ではありますが、親御さんがご自身の仕事の作業場所として使えるコワーキングスペースを検索した際にスタッフを募集していることを知り、お子さんにアルバイトの応募を勧めてくれたこともありました。いずれのスタッフも、あらかじめコワーキングスペースがどんな場所なのかを知った上で「このコワーキングスペースで働きたい」と思って応募してくれているため、スペースの雰囲気に合う人材が採用できていると感じています。そのため、広告や外部の求人サービスだけでなく、自社のサイトにも「スタッフ募集中」であることを明示しておくことをおすすめします。

リファラル（紹介）

すでに勤務しているスタッフのリファラル（紹介）による採用も、求める人材を採用できる可能性が高い方法です。コワーキングスペースは、以前よりも認知度が大きく上がったとはいえ、まだ新しい業態です。そのため、コンビニやファストフード店等、多くの人になじみのある業態に比べると、「どんなサービスを提供しているのか」「スタッフはどんな仕事をするのか」をイメージしてもらうことが難しいと感じています。その点、リファラル採用の場合は、コワーキングスペースでの仕事内容や、どんなところに働きがいを感じるか、といった情報がすでに人づてにインプットされている状態です。その上で「私もそこで働いてみたい」と思ってくれる意欲のある人は、お互いにミスマッチの可能性が少ないと考えられます。なお、リファラル採用を促進するための方法としては、制度として「紹介手当」を設け、紹介でスタッフを採用した場合は紹介した人・された人双方に報酬を支給することが挙げられます。

広告

求人広告を出す場合は、できるだけ近隣の人を採用できる媒体選びを心がけましょう。遠くから通勤する人を採用すると、交通費もかかりますし、通勤の面倒さからどうしても仕事に対する優先順位が下がってしまいがちです。リアルな場で広告を出す場合は、地域のアルバイト情報メディアを使う、リスティング広告やSNS広告を使う場合は地域を絞る、といった工夫をするとよいでしょう。地域に在校生を多く抱える大学がある場合は、その大学の学生団体が発行するメディアにアルバイト・インターン募集の広告を出稿する方法もあります。

「コワーキングスペース7F」Webページ内の求人ページ

参照 https://office7f.com/recruit/

求人情報に載せるべき内容

求人情報を自社媒体や広告に出す際には、待遇等の基本的な労働条件に加え、次のような情報を載せると、応募者により詳しいイメージが伝わってミスマッチを防ぐことができ、「こんな場所で働きたい、こんな仕事をしてみたい」という意欲のある人の採用につながりやすくなります。

- スペースに関する情報（利用者数、立地、営業時間）
  - 例：月間延べ利用者数7000人超、駅徒歩1分、朝7時〜夜23時まで年中無休
- 運営の目的
  - 例：「創業支援」と「地域活性化」を実現できる空間を目指している
- どんなスペースなのか・どんな利用者がいるのか
  - 例：仕事や勉強や打ち合わせ、利用者同士の

交流の場としても利用されている
○例：起業家、フリーランス、リモートワークで働いている人など、場所や時間にとらわれずに働く人の利用が多い
・実績
○例：開設以来、多くの創業者が生まれて、自分で起業する人を輩出してきた
・やりがい
○例：さまざまな年代・バックグラウンドを持つ人と日常的に関われる
・研修制度
○例：ビジネスマナー研修・デザイン研修・パソコン関連研修
・福利厚生
○例：コワーキングスペースを無料で自由に使える
・業務内容
○例：受付業務、会議室の準備と原状回復、SNSでの情報発信、イベント運営
・働き方
○例：シフト制で、月2回シフト希望を提出する
・求める人物像
○例：インターネット上に顔と実名の出せる人、初対面の人と人見知りせずに話せる人

コワーキングスペースで働くメリットを伝えよう

すでに運営中のスペースで新たなスタッフを募集する場合は、既存スタッフの経験談など、コワーキングスペースで働くメリットも記載できるとよいでしょう。「コワーキングスペース7F」で働くスタッフに実際に聞いた「コワーキングスペースで働いてよかったこと」の例を挙げますので、参考にしてください。

・学生スタッフの声
○社会人と接する機会が多いので、将来を考える参考になる
○イラストを使ったPOP作成など、自分の好きなことを生かした業務ができて楽しく働ける
○イベント・セミナー運営など、他のアルバイトでは経験できないことにチャレンジできる
○マナーが身につき、就職活動に役立つ

・フリーランスのスタッフの声
○起業家や他のフリーランスとの接点ができる
○さまざまな年代・バックグラウンドを持つ人と日常的に関われる
○シフト以外の時間はコワーキングスペースを自分の作業場所として自由に使える

「コワーキングスペース7F」のWebページに掲載しているスタッフインタビュー

コワーキングスペース7F（ナナエフ）スタッフインタビュー「さまざまな出会い・挑戦できる環境で視野を広げられた」大胡由紀さん

2021年09月24日
コワーキングスペース7F スタッフ編集部

7Fニュース

コワーキングスペース7F（ナナエフ）スタッフは、フリーランスとして活動する傍ら働く個人事業主や、お子さんが保育園や学校に行っている時間帯の有効活用として関わってくださっているお母さん世代、専門学校生・大学生・大学院生など、世代・年代問わず、さまざまなバックグラウンドを持つスタッフで、2012年から現在まで約9年にわたりコワーキングスペース7F（ナナエフ）のスペース運営を続けています。 今回は子育て …

続きを読む

参照 https://office7f.com/2021/09/24/staff_interview_ogo/

- 子育て中のママさんスタッフの声
  - ○今までの社会人経験を役立てられる
  - ○自分自身がわくわくするような環境で社会復帰をすることができた
  - ○普段の生活では関わることのない人たちと出会い、視野が広がった

どんなスタッフを採用すればいい？

「コワーキングスペース７Ｆ」の求人募集ページ（https://office7f.com/recruit/）で「このような人がスタッフに向いていると思う」と挙げている傾向を、参考に記載します。求人募集ページにはその理由も記載していますので、よろしければご覧ください。

- インターネット上に実名で顔が出せる人
- 初対面の人と人見知りせずに話せる人

・インターネット上に情報発信を日常的にしている人
・地域に何かしらの愛着のある人
・将来は自分で何かの事業や活動をしてみたいと少しでも思っている人
・将来の方向性が決まっていて環境を生かせる人、または、将来やりたいことが決まっていなくて危機感のある人

「インターネット上に実名で顔が出せる人」を採用するのは、運営スタッフの顔が見えたほうがスペースの雰囲気が伝わりやすいからです。また、コワーキングスペースの利用者層である起業家の方々はほぼ全員が実名で活動していますので、スタッフも実名で活動できたほうが信頼性などの面から好ましいと考えています。スタッフが顔出しOKなら、スタッフが写ったスペースの様子やイベント時などの写真を利用者にSNSへアップしてもらいやすくなり、集客につなげることもできます。

また、先述のような人の他に、「コワーキングスペース利用者」を採用するのもおすすめです。利用者の気持ちに添った対応や、利用者目線でのスペース改善が期待できますし、人柄もコワーキングスペースの雰囲気に合う確率が高いでしょう。ただし、利用者側と運営側は立場が異なりますので、利用者を採用する際には、なあなあにならないような人であるかを見極める必要はあります。

社会人経験のある主婦も、コワーキングスペースのスタッフとして活躍が期待できます。一般的なビジネスマナーやパソコンのスキルが身についている上、社会人としてのコミュニケーション能力もあり、気配りもできることが多く、「コワーキングスペース7F」でも大きな戦力となっています。

研修メニュー

スタッフが採用できたら、一緒にコワーキングスペースを運営する仲間として育てていきましょう。教育の方法は、「研修」と、通常業務内で仕事を覚える「ＯＪＴ」に大きく分かれます。また、その他に外部イベントへの参加なども、スタッフのモチベーション向上につながります。

まずは「研修」について説明します。コワーキングスペース業界は歴史が浅いため、経験者を採用できることはごくまれです。未経験者に向けて、まずは「コワーキングスペース」そのものについて理解を深めてもらうことを目的とした研修を実施するとよいでしょう。

「コワーキングスペース７Ｆ」の新人スタッフ向け研修では、初めに自社のスペースの説明に加え、コワーキングスペース業界全体のことも話すようにしています。

- 「コワーキングスペース７Ｆ」について：自分が働くスペースのことを知ってもらう
  - ○実際にスペース内をくまなく案内し、どこに何があるかを説明
  - ○利用者に提供しているサービス内容を説明（会員プランの種類、契約できるオプション、会員特典等）
  - ○どんな属性の利用者が、どのような目的で使っているかを説明
  - ○「コワーキングスペース７Ｆ」の歴史（特に、どのような想いで立ち上げられたスペースなのか）
- コワーキングスペースについて：日本のコワーキングスペース業界を知ってもらう

○コワーキングスペースとは？
○コワーキングスペースの歴史
○いろいろなコワーキングスペースの紹介

コワーキングスペース業界全体のことを必ず話すのは、自社以外にはどんなスペースがあるのかを知ってもらうことで視野を広げ、「いろいろなスペースの中で、自分の働くスペースにはどんな特徴があるのか」「どんなスペースを目指すのか」を自分事として考えてもらうことを目的としているためです。また、せっかく働くのならば、コワーキングスペースの仕事をする自分を「ただの時間貸しスペースの受付担当」よりも「急成長している面白い業態に関わる1人」と捉えてもらい、モチベーションにつなげてもらうことも目的としています。

新人向け研修の他に、コワーキングスペースのスタッフ研修として取り入れるとよいメニューの例をいくつか挙げます。

マナー研修

利用者の多くは、日々のビジネスの場としてコワーキングスペースを利用します。社会人が仕事をする場としてふさわしい言葉遣いとふるまいができるよう、電話の取り次ぎ方や来客対応方法を覚えてもらうとよいでしょう。

新人向け研修の様子

デザイン研修

Adobe IllustratorやPhotoshopといったデザインソフトが使えるようになれば、スペース内のPOPやイベント告知用のチラシ、バナー画像作成に役立ちます。また、動画撮影・編集のスキルを身につければ、スペースの雰囲気を動画で伝えることもできるでしょう。

ライティング研修

ブログの書き方やSEOの基本など、情報発信に必要な知識とスキルを身につけるための研修です。テクニックに加えて「他人の文章・画像を勝手に使用しない」「許可なく撮影した利用者の顔写真を勝手に公開しない」など、著作権・肖像権の知識も必須です。

社会人経験のない学生アルバイトを採用する場合は、上記のような研修に加えて、基本的なパソコン操作やセキュリティ(例:怪しいメールの添付ファイルは開かない、社内の情報は持ち出さない等)についても簡単な研修を実施しておくとよいでしょう。

通常業務内での教育(OJT)

最初の研修が終わったら、実際の業務に入ります。先輩スタッフと一緒にOJT形式で、都度業務マニュアルを確認しながら少しずつ仕事を覚えてもらいましょう。コワーキングスペースの業務は多

先輩スタッフによるOJTの様子

岐にわたりますので、1日ですべての仕事を覚えることは不可能です。業務内容のチェックリストを作り、覚えた業務からチェックを付けて、数日に分けて抜け漏れなく仕事を覚えられるようにするとよいでしょう。

通常業務外での教育

外部のイベントに参加したり、他の運営事業者と交流の機会を持ったりすると、通常の業務では得られない経験・視点を得ることができます。また、自社以外のコワーキングスペースを実際に利用してみるのもおすすめです。他のコワーキングスペースのよいところを吸収したり、自社のスペースを客観的に見直す機会を持ったりすることで、よりよいスペース運営につなげることができるでしょう。

スタッフ教育で大事にしていること

「いつ来ても良いスペースだな」と思ってもらうためには、スタッフによって対応に差が出ないようにすることが大切だと考えています。いつ・どのスタッフが対応しても気持ちよく利用してもらえるスペース運営のために、次の二つのことが大切だと考えています。

マニュアルを充実させる

定常業務はすべてマニュアル化して、スタッフによって対応が異なることのないようにしましょう。ただし、マニュアルを重視するあまり融通の利かない対応にならないよう、課題があればマニュアルは定期的に見直し、よりよいサービスが提供できるよう改善を重ねていきましょう。

特別対応をした場合は、必ず「これは特別対応です」と説明する

公平性の観点から、基本的にはどなたにもスペースの利用ルールを守るようお願いしましょう。「言ったもん勝ち」になってしまうと、黙ってルールを守ってくださっている良い利用者さんが離れてしまいます。

それでも何か理由があって、ルールから外れたリクエストをスタッフが承諾することもありえます。例えば、外がものすごい嵐の日に「今日だけこの大きな荷物を預かってほしい」とお願いされたら、その日だけは特別に預かるという判断をするかもしれません。ただしその場合は必ず「本来はお

預かりできませんが、嵐のため今回だけ特別に預かります」と、必ず「特別対応であること」を伝えることが大切です。よかれと思って特別対応をしたことが当たり前だと思われてしまい、他の利用者に不公平感を与えてしまったり、特別対応をした利用者本人に「前回はＯＫって言っていたのに、日によって／スタッフによって言うことが違うな」と不信感を持たれてしまったりすることは避けましょう。

1人で運営するコワーキングスペースの場合は、どうやって勉強すればいい？

ここまでは、運営者がスタッフを採用・教育するケースについて説明してきました。

1人で運営するコワーキングスペースの場合は、とにかくいろいろなコワーキングスペースに足を運び、実際に使ってみること、スペース運営者の話を聞きに行くことをおすすめします。飛び込みで見学に行くと運営者不在の場合もありますので、できれば事前に問い合わせフォーム等から運営者の話を聞きたい旨を連絡し、日程調整しておくとよいでしょう。多くのコワーキングスペース運営者は、快く話をしてくれるはずです。

一般社団法人コワーキングスペース協会が毎月開催している「コワーキングスペース運営者勉強会」では、全国各地のコワーキングスペースをまわり、実際にそのコワーキングスペースを運営している事業者の話を聞くとともに、施設見学と懇親会の時間を設けています。協会会員でなくても参加することができますので、まずはこのような勉強会で情報収集と人脈作りをするのもよいでしょう。

コワーキングスペース運営者勉強会

2018年7月にBasis Point 汐留店で開催した第48回コワーキングスペース運営者勉強会の様子。

「今プラス」運営者・中野さんのYouTubeをはじめ、ブログやSNSで情報発信しているコワーキングスペース運営事業者も多く、ネットでも運営事業者の生の声を拾うことができます。ネットで気になる事業者を見つけたら、ぜひ実際に会いに行ってみましょう。

Chapter

8

運営・管理

顧客管理とリスク対応

Section 8-1

顧客管理

コワーキングスペースの管理業務で、重要な要素となるのが顧客管理です。月額会員の管理だけではなく、コミュニティの把握、どんな人がコワーキングスペースを使っているのか、どの人とどの人をつなげるとよさそうかといったことまで、顧客管理は多岐にわたります。ここでは顧客管理に関して、実際にコワーキングスペースで行っていることを踏まえながら、ツールなどもあわせて紹介していきます。

コワーキングスペースの顧客管理

コワーキングスペースにおける顧客管理は、もう少し詳しくいうと「会員管理」です。コワーキングスペースによっては、一時利用も含めて利用する方全員に会員になってもらうケースもあれば、月額会員のみを会員として管理するケースもあります。

顧客管理を行うと、利用する会員の方々の利便性が増したり、コワーキングスペース側も管理がしやすくなったり、オペレーションが楽になったりするというメリットがあります。会員数が少なかったり、少人数のスタッフで対応したりしている場合は、Excelファイルによる管理などでも対応できるのですが、ある程度人数が増えてくると不十分な点が出てきます。

それではまず、会員数に応じた適切な顧客管理の方法について、それぞれ紹介していきます。

会員数が10人以下の場合

コワーキングスペースの会員数が10人以下の場合、特段システムを取り入れる必要はありません。むしろ、取り入れることで逆にコストが割高になってしまうため、あまりおすすめできません。

10人以下の場合、顧客管理は紙の台帳やパソコン内に保存したExcelファイルでも十分管理できます。今後の人数増加にもよりますが、決済に関してもシステムを導入せず、会員1人ずつに店舗で支払ってもらうほうが、使い勝手もよいでしょう。

注意事項としては、コワーキングスペースがはじめたてのため会員数が10人に満たない、という場合です。その場合は今後会員数が増えていく可能性もあるため、今後最適な顧客管理ツールを導入するために、顧客管理でどんなところが不満なのか、あるいは必要なのかをあらかじめ把握しておくとよいでしょう。

ちなみに「今プラス」の場合は、会員数が10人以下のときはGoogleスプレッドシートで顧客管理を行い、スタッフのやりとりも紙のノートで管理していましたが、店舗移転の1カ月後には会員数も増えてきたため、顧客管理システムの導入を検討しはじめました。「コワーキングスペース7F」の場合、オープン直後の会員数が少なかった頃は、1人のオーナー（本書の筆者でもある星野）が月額会員のすべてを記憶しているという運用でしたが、アルバイトスタッフが増えるにしたがい、グループウェアとGoogleスプレッドシートで情報共有するようになりました。

会員数が11人以上50人以下の場合

人数の幅が広いですが、コワーキングスペースの会員数が11人以上50人以下の場合は、顧客管理も1人だけではなく数人のスタッフで担っていると考えられますので、紙の台帳やパソコン内に保存したExcelファイルよりも、例えばGoogleスプレッドシート等、クラウド上で管理できるツールで対応しましょう。Excelファイルだと一つのファイルで情報を管理することになりますが、Googleスプレッドシートであれば複数人での情報共有が可能です。

さらに、会員数がこの人数になったときには決済サービスを導入することをおすすめします。手数料がどうしてもかかってしまいますが、スタッフ側のオペレーションが楽になります。また、決済システムを導入することで、誰からお金をもらっていて、誰からもらっていないのかを把握する手間をなくすことができます。

決済サービスはいろいろありますが、「今プラス」では「ROBOT PAYMENT」という企業の決済サービスを導入しています。決済サービス導入にかかる期間が短かったのが導入の理由です。「コワーキングスペース7F」では、クレジットカード決済では「GMOペイメントゲートウェイ」と「DGフィナンシャルテクノロジー」、口座振替では大同生命グループの「NSS日本システム収納」を併用しています。これらのサービスを使っている理由としては、大手の決済代行会社を利用することによる安心感と、コワーキングスペースを開業した2012年当時は銀行口座からの引落件数が数件からでも利用できる口座振替サービスが少なかったことがあります。

気を付ける点としては、決済代行会社が倒産したりサービス停止したりすることがある点です。利用していた決済サービスが使えなくなった場合、決済サービスの切り替えを余儀なくされたというケースも見聞きします。月額会員の決済サービスは、サービスの利便性やＵＩ／ＵＸなどの使いやすさもありますが、決済代行会社が上場しているかどうか等の規模感や継続性なども意識するとよいでしょう。

他には、「PayPal」や「Square」など、決済サービスや端末はさまざまなものが存在しています。それぞれのサービスで手数料が異なったり、利用可能な決済手段も異なったりするので、運営するコワーキングスペースの会員の方などに合ったものを導入しましょう。

会員数が５０人を超える場合

会員数が５０人を超えてくると、Googleスプレッドシートによる顧客管理だけでは対応が難しい場面が出てきます。Googleスプレッドシートは会員管理としては機能しますが、店舗運営と掛け合わせると不足するところが出てくるためです。さらに、入退室管理を紙ベースで行うのも使い勝手の悪さが出てくるでしょう。

そこで５０人を超えた場合は、決済システムはもちろんのこと、顧客管理システムも導入していきましょう。その人数になると、月々の払うコストも売上ベースで考えると数％程度に収まるはずです。また、スタッフ同士の連絡ツールと顧客管理のツールを合わせておくことで、それぞれの会員の状況をわかりやすく把握することができ、会員がより使いやすいものとなっていきます。

「今プラス」では、会員数が５０人を超える頃から、入退室管理アプリ、顧客管理、スタッフ内での連絡のやりとりを一つにまとめたツールを作成しました。そのツールを見れば、現在の会員数、誰がどれくらいコワーキングスペースを利用しているか、そしてスタッフのコワーキングスペースに特化したやりとりが把握できるようになっています。「今プラス」では自分たちでツールを作りましたが、近年はコワーキングスペースの会員管理に適したサービスが出てきているので、それを導入するのもありです。

約100人の会員がいる「コワーキングスペース7F」では、月額会員自身にGoogleフォームから情報を入力してもらい、Googleスプレッドシートに記録される仕組みにしています。すべての会員情報を集約したシートと、入会・変更・退会を記録したシートとを管理しています。月に一度の月額利用料決済のタイミングで、継続して会員利用している会員と解約済みの会員とを精査し、入退室管理ツールと決済システムに反映しています。入退室管理ツールは、以前は独自開発したWordPressプラグインを活用していましたが、現在はスマートロックと連携して入退室管理ができる「むじんLOCK」を採用しています。

顧客管理に必要なツールの種類

顧客管理において、どのようなツールが必要なのかを紹介していきます。

大きく分けて四つのツールを導入する、あるいはそれらの機能を持ったシステムをワンパッケージで導入すると、顧客管理がとてもしやすくなります。

1. 決済システム
2. 顧客情報データベース
3. 入退室管理
4. コワーキングスペースに特化した、スタッフ間のコミュニケーションツール

それぞれのツールにおいて、どのようなものがあるとよいのかを紹介していきます。

決済システム

決済システムとしては、大きく二つの種類があります。それが、「ドロップインなど店頭で決済を行うシステム」、そして「月額会員費用の継続課金による引き落としのシステム」です。前者に関しては、おすすめしたいのが「Ａｉｒレジ」や「Square」などのレジシステムを導入することです。周辺端末の購入などに初期費用がかかってしまいますが、レジはドロップインの利用者が増える場合必ず必要になりますし、何より領収書の発行などを求められたときに、即座に印刷することができます。クレジットカードや電子マネー、ＱＲコードによる決済の導入も可能となるため、特段他のシステムを入れなければいけない状況でなければ、ドロップインの決済は対応しておくとよいでしょう。

後者の継続課金に関しては、インターネットで調べると複数のシステムが出てきますが、次の点を参考に探しておくとよいです。

コワーキングスペースのレジシステムの例

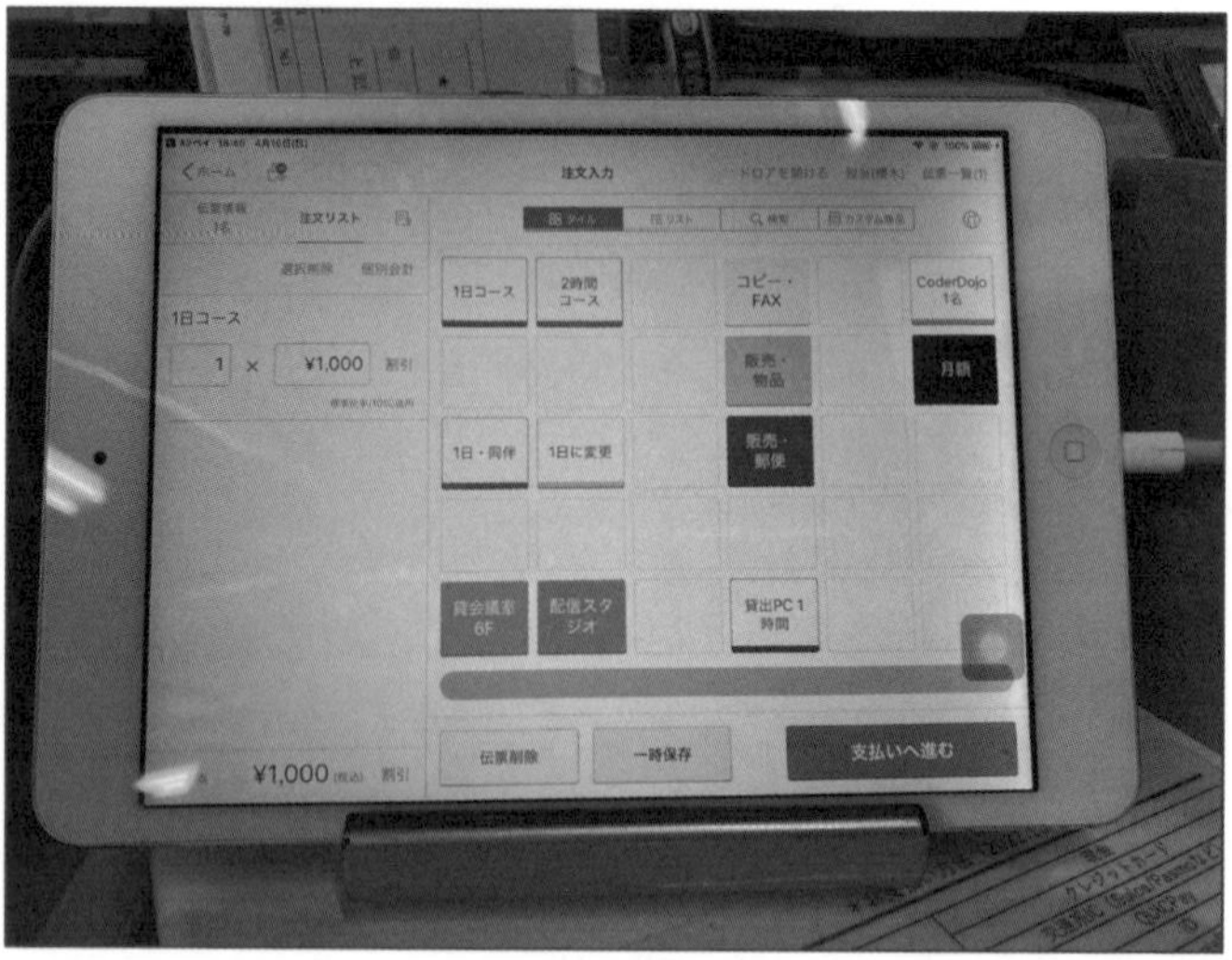

- 口座振替（銀行引き落とし）とクレジットカードの両方に対応しているか
- 手数料はどれくらいか
- 導入までにどれくらいの期間が必要なのか

先述した「GMOペイメントゲートウェイ」や「DGフィナンシャルテクノロジー」、「ROBOT PAYMENT」などのサービスも、口座振替とクレジットカードの両方に対応しています。最近では、コワーキングスペースの管理システムで月額会員の決済も行えるものも出てきているため、あわせて検討してみるとよいでしょう。

顧客情報データベース

顧客情報を取り扱う方法は、大きく二つあります。一つ目がExcelやGoogleスプレッドシートを活用して管理する方法、もう一つが顧客情報を管理できるシステムを使用する方法です。

前述の通り、会員数が少ない場合はExcelやGoogleスプレッドシートでも対応可能となりますが、50人を超えてくると情報の管理が煩雑となり、かなり大変になります。

そこでおすすめしたいのが顧客情報のデータベースシステムです。これもかなり幅広い種類がありますが、自分たちの運営するコワーキングスペースの仕様に合わせるために自社独自のシステムを開発している施設もありますが、仕様が決まっていたり開発リソースが限られていたりといった問題もありますので、まずは汎用的なシステムでもよいと思います。「コワーキングスペース　顧客管理」などのキーワードで検索するとさまざまなシステムが出てくるため、まずはそれらを資料請求して見てみるとよいでしょう。いずれの方法の場合も、顧客情報は流出等の事故が起こらないよう細心の注意を払って管理する必要があります。個人情報の取り扱いルールを定める、従業員に教育を行う、情報にアクセスできる人を限定するなど、適切に管理するための措置をとりましょう。

入退室管理

入退室管理は、紙で表を作りアナログに行う場合と、アプリなどで行う場合の二つがあります。

紙で行う場合、集計して管理しようとするのはかなり手間もかかるため、あまりおすすめはできません。その反面、アプリのインストール等の手間がかからないため、「今日だけすぐに使いたい」という利用者にも対応できるというメリットがあります。紙の台帳で入退室管理を行う場合は、個人情報保護に気を配り、記入された情報を目隠しシールでマスキングするなどの工夫をすると、安心して利用してもらえます。

紙以外で入退室管理を行う場合、入退室管理ソフトを導入して、会員カードやアプリのQRコードで管理するのがおすすめです。ただし、運営するコワーキングスペースによっては、月額会員の比率が高い施設も多く存在するため、ここにコストを払うよりは顧客情報データベースと連携しているものを活用するとよいでしょう。最近では「むじんLOCK」のような顧客情報と紐づくだけでなく、施設の鍵の施錠解錠や、会員の入退室管理とも連携したシステムもあります。

コワーキングスペースに特化した、スタッフ間のコミュニケーションツール

コワーキングスペースでは、スタッフ間のコミュニケーションツールを導入することで解決できることがあります。それが、「利用者のニーズや情報を共有すること」です。

利用者のニーズや情報は、その利用者と会話したスタッフしか把握できないため、どうしても属人的になりがちです。そうした情報を共有するためのツールを導入すると、「どの利用者同士の相性がよさそうなのか」「イベントを行うときにはどんな人にリーチすればよいのか」などの課題に対応できる仕組みを作ることができます。

ただし、顧客情報や入退室を管理するツールは世の中に多くありますが、コワーキングスペースに特化したコミュニケーションツールは、まだ一般的なツールとしては存在していないように思います。顧客情報データベースのコメント欄やメモ欄に情報を追加していくのもよいでしょう。また、「Slack」「Chatwork」などのツールを社内用として使い、スタッフ間の連絡を共有する施設もあるようです。

Section
8-2

起こるリスクと対処方法（法務・知的財産など）

コワーキングスペースを運営するにあたって、賃貸物件の場合は「不動産オーナーとの賃貸借契約」、そして「利用者と締結する契約書」と「店舗名の商標権などの知的財産」は、初めに気を付ける点となります。なぜなら、契約関係は後から変更しづらいこと、そして店舗名称のトラブルは起きた時点ではすでに覆せないことが多いからです。また、運営にあたって保険関係や利用者から取得する個人情報の保護についても初めに気にしておきましょう。これらの点に気を付けないとどのようなことが起きうるのか、運営前にそのリスクと対処方法を知っておきましょう。

施設の営業許可要件

コワーキングスペース・シェアオフィス・貸し会議室などは営業許可要件がないため、営業にあたり何らかの許可申請の必要は２０２３年3月末時点ではありません。一般的なオフィスと同様、消防法の基準を満たして消防署に届出を行う必要はあります。ただ、スペースで飲食店のような形で飲食物の提供を行う場合は飲食店営業許可を保健所に届出をして営業許可を取得する必要がありますし、サウナを併設する場合は公衆浴場法、宿泊施設を併設する場合は旅館業法などに準拠が必要です。

また、コワーキングスペースの利用者に対しオプションサービスとして電話転送や電話番号の貸し出しを提供している場合には、一定の要件で総務省に届出が必要になりました。２０２０年代に入り、電気通信事業法が厳格化される改正が続いています。こうした新しい法改正にも注意が必要です。

物件の賃貸借契約

コワーキングスペースの運営にあたって、自分の所有している物件以外の場合は、テナントとして不動産オーナーと賃貸借契約を締結することになると思います。物件の賃貸借契約には、大きく分けて、「普通賃貸借契約」と「定期賃貸借契約」があります。

通常では、普通賃貸借契約のほうが多いでしょう。普通賃貸借契約では、特約事項の記載がない限りは、原則として借主のほうが有利であり、原契約のまま契約も自動更新されていきます。

定期賃貸借契約は、契約期間が満了した場合、再度の契約となります。そのため、貸主側から契約満了により退去を求められたり、賃料の値上げ交渉をされやすかったりします。一方で、建物の取り壊しが決まっているなどの場合、定期賃貸借契約だと安い賃料で借りられるケースもあります。コワーキングスペースやシェアオフィスの場合は、月額会員の利用を考えると長期的に運営できることが趣旨ではありますが、取り壊されることが前提の建物で短期利用での貸し会議室やドロップインのみで運営する事例もあります。

また、コワーキングスペース運営で上がった売上や利益を一定の割合に応じて、運営事業者と不動産オーナーとで按分するレベニューシェアの取り決めをして、賃料を支払う選択肢以外で運営している施設事例もあります。この方法では、不動産オーナーとの関係性や、契約書面で初めの取り決めをしっかりしておかないと、運営後にトラブルになるケースもあります。運営が当初の計画より上手くいかなかったら不動産オーナーの収入が減りますし、上手くいった場合でも負担感の多寡によって不平等と思うことがあるからです。

さらには、不動産物件を所有するオーナーから固定の報酬をもらい運営の委託を受ける施設事例もあります。この方法では、コワーキングスペース運営のノウハウやスタッフがすでにある前提で、不動産物件の有効活用の依頼がある場合や、行政の遊休施設の活用の入札案件がある場合が多いです。

このように、自分の所有している物件以外の場合は、賃貸借契約で不動産を借りてコワーキングスペースを運営することが一番多いですが、その場合でも普通賃貸借契約と定期賃貸借契約があり、それ以外の契約形態もあることを理解しましょう。また、コワーキングスペースのように、地域に対しての社会性がある事業であれば応援したいという不動産オーナーもいます。商店街の会長の持ちビルであったり、地元への貢献の強い企業の持ちビルであったりで、空いているテナントフロアがある場合などがその一例です。このとき、賃料を相場よりも格安で借りられる場合もあります。

いずれにしても、コワーキングスペースの運営にあたって、不動産を借りる場合、初めの契約形態と賃料交渉はとても重要です。賃料は運営にあたって毎月かかってくる費用として固定で大きな金額を占めます。途中で変更する交渉は大変なため、よい物件と巡り合い、その上でどのような契約形態でいくらで借りるのかは、中長期的に運営するにあたって重要な要素となります。

コワーキングスペース利用者と締結する契約書

不動産オーナーとの契約だけでなく、コワーキングスペース利用者と結ぶ契約書についても大切です。具体的には、月額会員等の利用者と契約を締結する場合、賃貸借契約書ではなく利用契約書にすることが一般的です。いわゆる賃貸借契約にすると転貸に該当してしまい、より借主の権利が強くなり、シェアリング型のワークスペースの実態と乖離してしまう可能性があるからです。また、いわゆる「又貸し」にあたる転貸の形態は、不動産オーナーが嫌がりそもそもの物件が借りられなかったり、借りた後に不動産オーナーとトラブルになったりするケースもあるため、フロア内の個室の契約であっても、サービス利用契約として締結するようにしたほうがよいでしょう。

月額会員との契約手段においては、紙の書面による契約書を2部作成して署名押印をした上で1部ずつ保管、利用規約を用意し申込書の形式で記入してもらい申し込み完了とする方法、クラウド上の電子契約、店舗のWebサイトのメールフォームにチェックを入れる形での契約などがあります。法的には意思表示が明確であれば契約としては有効とされていますが、タイムスタンプのあるクラウド上の電子契約か、心理的にもちゃんと契約をした意識になりやすい紙の書面での契約が事例として多くなります。また、ドロップインなど一時利用で契約する際は、書面ではなくWebサイトなどに利用規約を書いておき、そこに同意してもらう形での利用形態が多いように思います。

コワーキングスペースの月額会員との契約書で必要な条項としては、利用期間・利用金額・支払方法・解約の場合の告知期間・反社会的勢力排除などの定めはもちろんですが、コワーキングスペース施設独自の条項もあります。

郵便物の上限に関する条項

例えば、コワーキングスペースを事業者の住所として利用してもらう場合、1カ月に何通までの郵便物の受取をするか、その上限の取り決めをします。あまりに多くの郵便物が来る場合、運営が現実的ではなくなるからです。郵便物の上限を定める場合、条項に次のように記載します。

「郵便物等受取・保管サービスは、1カ月あたり最大●●通/個まで、保管期間は郵便物等の到着から最長●●日とします。最大数、最長期間を超える場合は、当社は月額会員に対して、当社が別途定める追加料金を請求します。また、当社は、月額会員の事前承諾を得ることなく、着払いで月額会員の自宅等に転送を行うことがあります。なお、月額会員に受取を拒否された当該転送物については当社の裁量で処分等を行い、月額会員はこれに一切の異議を申し立てることはできません。」

登記に関する条項

住所だけでなく、登記も許可する場合には、仮に、施設を閉店する場合には、その登記を移転してもらうことになり、その同意や費用負担の条項を設けることが一般的です。その場合、条項に次のように記載します。

「月額会員は、本契約終了日から●●日以内に、本店または支店の所在地を当施設から移転し、変更登記を完了させなければなりません。なお、変更登記に要した費用は月額会員の負担とします。」

損賠賠償に関する条項

また、契約書面では損賠賠償の条項を設けることが一般的ですが、その際に、施設側が有利になるように考える場合、損賠賠償金額を利用料金の上限金額に定めることがあります。その場合の条項は次のようになります。

「月額会員および当社は、本契約に違反して相手方に損害を与えたときは、その損害を賠償するものとします。ただし、当社の賠償額は、月額会員が当社に支払った利用料金等の額を上限とします。」

インターネット通信環境に関する条項

インターネット通信環境が悪くなったことによって、利用者が損失を被った等の際も、制限を設けることが一般的です。その場合、条項は次のようになります。

「ご利用者様が当社の提供する回線を用いてインターネットへ接続する場合、次の各号のトラブル等については、当社は一切の責任を負わないものとします。

1. インターネット上のWebサイトの適合性
2. インターネットを通じて入手可能なシステム・プログラムやファイル等の安全性
3. インターネット上のエラーや不具合
4. インターネットの利用不能により生じた損害
5. インターネットの利用による個人情報および機密情報の漏えい
6. インターネットの利用による外部からの不正アクセスおよび改変

7．その他前各号に関連するトラブル等

当社は、業務上必要であると認める場合またはやむを得ない事由が発生した場合、インターネット環境提供サービスを一時停止することができるものとします。

当社がご利用者様に対し、原因の如何および帰責性の有無にかかわらず、インターネット環境を提供することができない場合、これによりご利用者様に損害が生じた場合でも、ご利用者様に対してその損害を賠償することを要しません。」

個人情報に関する条項

コワーキングスペース利用者と契約を締結する際には、施設側が知り得た利用者の個人情報について、個人情報の保護に関する法律その他の法令を遵守し、善良なる管理者の注意をもって管理することを記載するのが一般的です。

また、利用規約とともにプライバシーポリシー（個人情報保護方針）への同意も得ておきましょう。プライバシーポリシーとは、個人情報等の取得・利用、保管・管理、提供、開示請求等への対応の方針を明文化したものです。プライバシーポリシーは利用契約を結ぶケースだけでなく、例えばイベント参加者の申し込み情報取得時などにも提示し同意を得る必要がありますので、施設のプライバシーポリシーを作成したら、Ｗｅｂサイト上に公開しておくのがよいでしょう。また、改訂するたびに、都度公開して利用者への周知を行うことも大切です。

以上、契約書に必要な条項についていくつか説明しました。なお、コワーキングスペースの所在地を、月額会員等の利用者が事業を行う際の公開する住所や登記の場所とする利用オプションを設定する場合、利用者が現れてからの変更は難しいため、上記のような事前の取り決めは特に重要です。

この際、犯罪収益移転防止法があり、「顧客に対し、自己の居所若しくは事務所の所在地を当該顧客が郵便物を受け取る場所として用いる者」は、顧客（コワーキングスペースの住所や登記のプランの利用者）の写真付き身分証明書等の提出をすることになっていますので、コワーキングスペースの月額会員等の契約とともに添付資料として受け取る必要があります。

また、反社会的勢力排除の観点から、施設によっては、反社チェックや信用情報の照会を行う流れを取っている場合もあります。ただし、個人としてコワーキングスペースの月額会員になることもありますし、すべてを網羅するのは現実的とはいえません。そこで、月額会員等との契約の際には、施設やスタッフのことも知ってもらうためにも面談を兼ねて利用希望者と話をして、施設の運営ポリシーを確認してもらった上で契約をしてもらうことで、契約後のトラブルを少なくすることができます。

保険

コワーキングスペースを運営する際は、保険にも入っておいたほうが安心です。一般にテナントを賃貸で借りる場合、火災保険は賃貸借契約時に不動産オーナーの指定などもあって加入することが多いと思います。さらに、施設賠償責任保険に加入しておくのがおすすめです。施設賠償責任保険は、施設や仕事の遂行による対人・対物事故への賠償の保険です。コワーキングスペースでは、例えば椅子が突然壊れたことで利用者が腰を打った、施設内の展示物が落下してきて怪我をした、などが想定されます。また、カフェ併設型のコワーキングスペースなどのように飲食物を提供している場合は、生産物賠償責任保険にも加入しておくのがおすすめです。生産物賠償責任保険は、食中毒が発生した際などのための保険となります。他に、コロナ禍には店舗休業保険を意識する事業者も増えました。

火災保険と施設賠償責任保険は必須として、他はコワーキングスペースが提供するサービスからその必要性を考えるとよいでしょう。

店舗名の商標権などの知的財産

コワーキングスペースの施設名称を決めるときに注意しなければいけないのは、その店舗名で商標が取れるかという点です。商標権とは、指定商品または指定役務について独占排他的に使用できる権利であり、同じ店舗名を使う等で、この権利を侵害する者に対しては差止請求や損害賠償請求等をすることができる大変強い権利となります。

ブランディングなども考えて、まずは特許情報プラットフォーム「J-PlatPat」で考えている店舗名称を検索し、すでに権利が取得されていないかどうかを確認し、問題がなければ、特許庁に出願して、その店舗名称で商標登録をすることをおすすめします。コワーキングスペース業界においても、過去に店舗名称が重なり、商標を巡って訴訟に発展した事例が複数あります。そのとき、商標を取得していなかったコワーキングスペースの側が、名称を変更しました。店舗名の変更は、看板やホームページやチラシなどの作り直しにもなりますので、商標が原因での店舗名変更は避けたいところです。他社から訴えられないためにも、自社として商標を取得しておきましょう。

商標は、先願主義といい、先に店舗名を使いはじめた人より、先に商標出願した人のほうが優先されるので、専門家である弁理士と相談するなどで、早めの出願を検討するとよいでしょう。また、商標は指定商品や指定役務ごとに分類があり、権利が守られるのはその分類の商品や役務のみです。複数の分類にまたがる商品やサービスの場合は、複数の分類の商標権を取得する必要があります。

コワーキングスペースにおいて取得を検討する商標の分類は、以下の通りです。

35類：ホームページや広告、経営の診断・助言、小売等の役務の提供など
36類：不動産の取引など
41類：教育サービス、セミナーの企画・運営・開催など
43類：宿泊施設、飲食店舗、会議室の貸与など

その他にも、コワーキングスペース関係のアプリも同時に開発してサービス提供する場合には42類、サウナ施設を併設する場合には44類、など、それぞれの特徴によっても取得すべき商標の分類は異なります。分類ごとに費用がかかるので、専門家の弁理士と相談するなどで、どこまでの権利を守るかを考えて出願・登録の手続きを進めましょう。

Chapter

9

エリア

都市と地方のコワーキングスペース

Section
9-1

都市の場合

東京23区内や大阪市、名古屋市、福岡市といった大都市圏では、廃校をまるごと活用した大規模なスタートアップ支援施設から、地元企業による街に密着した施設、異業種からの参入など、規模も出自も多様な施設が存在します。コワーキングスペースとは異なりますが、カラオケ店やホテルを個室のテレワークスペースとして利用できるようにした施設や、企業の従業員が外出先で一時利用する需要に応えた法人専用のシェアオフィスも増えています。

CASE Shinjuku

東京都新宿区にあるシェアオフィスとコワーキングスペースが併設された施設です。窓に囲まれた開放的な約50坪のコワーキングスペースと、24時間利用可能な約50坪のシェアオフィス（固定ブース、シェアデスク）、六つの完全に独立した個室オフィスで構成されています。

また、このコワーキングスペースはイベントスペースとしても利用できます。東京都のインキュベーション施設認定事業による認定インキュベーション施設で、日本政策金融公庫による融資相談会や東京都の女性・若者・シニア創業サポート事業による資金調達のアドバイスなどサポートも充実しています。

NewWork

東急株式会社が運営する、業界最大規模の店舗数を誇る法人企業相乗り型サテライトシェアオフィスです。従業員数100名以上かつ、最低入会ライセンス20以上の法人企業のみ利用でき、また入会には所定の審査があります。個人利用はできず、法人の従業員の利用に特化しています。直営店、ホテル客室、提携店、提携個室ブースと、全国約500カ所で利用でき、法人の従業員がどこでも作業ができるようなネットワークを構築しています。

パセラのコワーク

カラオケ・レストラン・ウェディング・ホテル事業を展開しているパセラグループが運営するコワーキングスペースです。東京都内に2店舗展開しています。「パセラのコワーク」はコワーキングスペースに特化した店舗ですが、カラオケ業態を展開していることもあり、カラオケ店舗を個室利用のテレワーク用スペースとする「おしごとパセラ」もサービス提供しています。コロナ禍以前からサービスを提供しており、コワーキングスペースを展開しているカラオケ業態の中では老舗となります。

Fukuoka Growth Next

福岡県福岡市にある、廃校になった小学校をリノベーションした、起業家と支援者が集まるスタートアップ支援施設です。グローバル創業・雇用創出特区である福岡市の強力な支援・地元企業との連携により、育成プログラムの提供やグローバルアクセラレーターとの連携、資金調達機会の創出をサポートしています。多様なアイデアと技術で、新しい価値を提供するスタートアップの輩出を目指しています。

オープンな創業支援スペースで業務に集中できるさまざまなタイプのオフィスの他、コミュニティスペースも提供しています。オープンで心地よい空間が、より多くのコミュニケーションやアイデアが生まれるようにサポートします。1階のコワーキングスペースの一部は、イベントスペースとしての貸し出しも行っています。また、「スタートアップ企業支援プログラム」を展開し、施設独自のさまざまなプログラムで、経営から実務まで幅広く手厚く入居者をサポートしています。

The DECK（ザ デッキ）

大阪府大阪市にある、アイデアをかたちにすることができるコワーキングスペースです。駅直結の1階という好立地で、内外のさまざまなネットワークを生かし、人やアイデア、プロジェクト同士を常駐のコミュニティコーディネータが結びます。

ものづくりFabスペースでは、3Dプリンターやレーザーカッター、カッティングマシンなどのデジタルファブリケーション機材をレンタル利用することができます。使い方を教わることもできるため、アイデアを実現するための環境が整っています。

コーポレート・ミッションの「Make It Happen」には、「困難を伴うアイデアを実現できる場でありたい」という想いと可能性が込められています。アイデアが浮かんだら、真っ先に「The LECK」でそれを話してみたくなるような存在であるため、今日も誰かの「Make It Happen」をサポートしています。

なごのキャンパス

愛知県名古屋市西区に開校した、名古屋のベンチャー育成拠点で、廃校になった小学校をリノベーションしたインキュベーション施設です。コワーキングスペースをはじめ、シェアオフィスや会議室、イベントスペースが併設されています。旧職員室だったコワーキングスペースをはじめ、レンタルスペースとして音楽室をリノベーションした会議室、300名規模のイベントを実施できる体育館や、オープンマルシェなども開催可能なグラウンドなど、小学校ならではの建物を活用した施設設計になっています。

定例MeetUpを開催し、起業家・スタートアップ・ベンチャーの方々をゲストとして招き、他にもスタートアップ向けのイベントや、ワークショップを定期的に実施しています。

K－C（キック：Keizaikai Incubation Center）

東京都千代田区にある、運営企業の株式会社経済界の自社オフィスとコワーキング施設の併設型施設です。次世代の日本を担うスタートアップや起業家を支援する、会員制インキュベーション型コワーキング施設となっています。運営企業がビジネスメディアとして長年培ってきた経営者や政財界の広いネットワークを生かし、また「経済界GoldenPitch」（旧・金の卵発掘プロジェクト）とスタートアップピッチコンテストから多数の起業家を輩出してきた実績を元に、起業家のための新たな共創プラットフォームを目指しています。

東京メトロ「溜池山王駅」徒歩1分の立地にあり、中央省庁、都心の主要オフィス街にもアクセス良好な立地にあります。交流を生むフリーアドレス席を最大45席と広く取り、会議室（8人用×1室、4人用×1室）、テレブース（3室）、レンタルオフィス（4人用×2室）があります。イベント用ステージとして利用可能です。フロアのデザインは木目調で居心地のよい場所として作られています。

Section
9-2

地方の場合（政令指定都市・中核都市）

政令指定都市・中核都市にあるコワーキングスペースは、都市の中心部や商業地域、駅の近くに立地していることが多く、アクセスが便利です。施設内には必要な設備が整っているため、ビジネス利用に適しています。また、現地自治体と連携している場所が多く、創業支援やイベントなどコミュニティ作りにも積極的で、交流やネットワーキングの機会が豊富です。ビジネスパーソンや地元の起業家やフリーランスなどの利用が多い場所といえます。

コワーキングスペース7F（ナナエフ）

埼玉県さいたま市で、筆者（星野）が2012年に開業して、筆者（山田）が店長を務めて運営している、老舗のコワーキングスペースです。3フロア、約140坪・460平米の広さで、コワーキングスペース、個室のシェアオフィス、貸し会議室、オンラインミーティング用の個室ブースと、それぞれの利用シーンに合わせたスペースを作っています。

開設当初から、埼玉県さいたま市周辺地域での「創業支援」と「地域活性化」の場として、地域で起業したい・何かはじめたいという人を応援できるようなイベントや取り組みを展開しています。

運営会社は、地域メディアの運営や、飲食店舗のシェアリング事業であるシェアキッチン、インターネット動画配信スタジオ、遊休耕作地を活用した農作物の生産なども展開しています。地方の中小企業が運営する地域のハブとなるためのコワーキングスペースとして、日本でコワーキングスペースができはじめた頃からの雰囲気を残した施設です。

enspace

宮城県仙台市にある東北最大級のシェアオフィス・コワーキングスペースです。多様な「縁」が交差する「Glocal」（グローカル）な世界をつくる、をコンセプトに、事業成長を支援し誰もが挑戦できる環境（ファクトリー）を提供しています。

7階建ての多目的ワークスペースには、フリーデスク、固定デスク、個室オフィス、各種会議室、80名まで利用可能なイベントスペースがあります。「enspace」独自のネットワークで仙台市内はもちろん、首都圏企業と仙台のつながり、東北地方の施設間連携を推進しています。

仙台発のスタートアップ支援体制を整えつつ、青森県／山形県／福島県／東京都／神奈川県などの各コワーキングスペースとも業務提携し、東北エリアにおけるネットワークマッチング、施設の相互利用も可能としています。また、学生起業家・学生団体のサポートも充実しており、コミュニティスタッフとしても多くの学生が所属しています。「enspace」と関わることでいろいろな形で利用者の可能性を広げる場所と出会いを提供します。

BUSO AGORA

東京都町田市にある「BUSO AGORA」は、「夢が加速する」というコンセプトを元にできた、約520平米のコワーキングスペース兼シェアオフィスです。エントランスにある受付兼カウンター席、オープンスペース、個人ブースや会議室など、さまざまなシーンに対応できるフレキシブルな空間設備になっています。

また、インキュベーションマネージャー(事業アドバイスを行う専門家)が在籍しており、起業する方の相談・サポートなどを行っています。事業内容や相談内容によって、地域の専門家がコーディネートされています。

NETSUGEN

群馬県前橋市にある、群馬県の事業として県庁32階に誕生した官民共創スペースです。セクターや業種が異なるユーザー同士でも、気軽に交流できるように空間がデザインされています。最新の技術や知見を取り入れた企業やNPO、大学や研究機関に加え、地域課題解決に取り組む市町村・県と直接交流する機会があります。

希望に応じて他の利用者の方と積極的にコミュニケーションを取ることが可能です。また、コーディネーターが配置されており、創業前から創業後までのさまざまな企業ステージ、業態、業種への支援を提供しています。県庁内の施設であることもあり、県内の関係機関・支援機関や地域の事業者とも連携しながら、事業支援を行っています。

enun 縁雲

島根県松江市の宍道湖畔にあるホテル内部にできたコワーキングスペースです。地元のホテルグループと、地域滞在型パッケージサービスを手掛ける企業との連携で立ち上がった施設になります。宍道湖を一望する気持ちのよい窓側でのソロワーク、共有スペースに加えて、コミュニケーションが生まれるファミレス席、会話が生まれるキッチンスペース、Ｗｅｂ会議に集中できるフォンブースも設置されています。

運営に関しては、複数のコミュニティマネージャーを中心に、地域の大学生やワーケーションによる都市部から松江への来訪者たちが、アンバサダーとして施設運営にも参加しています。「つながる、ひろがる、はじまる。」をコンセプトに、縁がつながって、雲のように人が自由に集まり、新しいことに出会える場所として、さまざまな技能や知識を持った人との出会いを起点に新しい関係が育まれ、コラボレーションやビジネスが生まれるコワーキングスペースとなっています。

コワーキングスペースmocco姫路

ＪＲ姫路駅から徒歩約５分の場所にある、兵庫県姫路市のコワーキングスペースです。開放的で程よくにぎわうコワーキングフロア、各席に間仕切りがあり集中して作業のできるサイレントフロア、個室ブースのシェアオフィス、二つの会議室とフォンブースがあり、その日の気分でワークスペースを使い分けることができます。職場でも自宅でもない、リラックスして過ごせる快適なサードプレイスを目指して運営されており、１０代から６０代まで多様な年代に利用されています。

オーナーの梶原伸介さんは、空き店舗のリノベーションや道路空間の活用、クラフトビール醸造所の設立など、コワーキングスペースにとどまらない姫路のコミュニティ作りに取り組まれています。

Section
9-3

地方の場合（人口10万人以下）

地方の人口ゾーンとしても多いのがこの地域。5桁の人口がいるまちだからこそ、コワーキングスペース単体での売上をしっかり作り継続的な事業としたいところです。事業としてももちろんのこと、特色あるまちづくりやハブとしての機能など、まちにとって欠かせないインフラの役割を果たしているコワーキングスペースをご紹介します。

yuinowa

茨城県結城市にある、築90年以上の呉服店をリノベーションしたコワーキングスペースです。働く場所としての空間だけではなく、新しいチャレンジを行える場所としてのカフェの併設の他、スクールやイベントスペースも存在します。また、1人から3人向けのシェアオフィスも複数完備しており、スモールスタートで事業をはじめる方にとっても使い勝手のよい場所となります。運営団体の株式会社TMO結城は、結城をより住みやすく面白くするために生まれた団体で、長年「結いのおと」といった音楽イベントや地域に密着した事業を行っており、「yuinowa」はその拠点です。

単純な働く場所ではなく、街と人が混じり合い、まちづくりの事業などを絡めた上でスペース運営が行われているため、人口10万人以下でコワーキングスペースが、まちづくりの要素も組み合わせて作られた形としても参考になる場所となります。特徴的な部分に、結城市への移住サポートも行われており移住相談から、起業・出店の相談などまで地域のプロフェッショナルがお困りごとをサポートする仕組みもあり、さらに視察ツアーとして「yuinowa」を含めて結城市の街めぐりも提供されています。

人口10万人以下の場合は、事業としてコワーキングスペース単独で成り立たせる形だけではなく、「yuinowa」のように移住に関すること、まちづくりに関することを掛け合わせていき、スペース自体もカフェなどの複合施設にすることで、より街におけるスペースの価値を生み出せます。

今プラス

滋賀県湖南市と守山市にあるコワーキングスペースです。筆者（中野）が2014年に古民家で運営をはじめ、2017年に「人口10万人以下のまちでもコワーキングスペースが成り立つことを証明したい」という想いで湖南市の甲西駅から徒歩30秒の位置に移転しました。2021年には新店舗として、守山市に「布団屋の元倉庫店」をオープン。地方のコワーキングスペースを事業として成り立たせ、さらにまちづくりの拠点としての役割も果たすべく、日々チャレンジを続けています。

「今プラス」は、スペースを会話ができる空間とできない空間に分けていることが大きな特徴です。スタッフとお客さまという関係ではなくフラットにつながる空間設計から、コミュニティ作りがはじまるようにしています。湖南市の店舗では、2022年1月に民間の移住支援センターとなる「ホンデシガ」をオープンし、U・I・Jターンの人の拠り所となる空間をスタートしました。守山市の店舗では「起業家のあつまるまち 守山」の文脈を下地として、地域のスモールビジネスやスタートアップ、Ｗｅｂ３関連のコミュニティ作りを行うなど、地域の特性を生かしたスペースです。

ワークテラス佐久

長野県佐久市にある、地域の関わりしろ「SAKUSAKUSAKK」を提供するコワーキングスペースです。キャンプスタイルのオープンラウンジ、雑談可能な交流エリア、作業に没頭できる集中スペース、お子様連れワークルーム（事前予約制）があり、目的に応じてドロップイン利用や会員利用、会議室、カンファレンスなどで利用できます。

地域企業の課題を複業案件として関わりしろを見える化し、「ワークテラス佐久」に集まるコワーカーと、地域企業との連携を推進する地域企業、そして複業コワーカーによる共創プロジェクトや、竹林や農業などをテーマにした複業化プロジェクトを積極的に展開しています。

富士見 森のオフィス

長野県諏訪郡富士見町にある、コワーキングスペース／個室オフィス／宿泊棟を備えた複合施設です。大学の保養所だった木造施設を改装しており、コワーキングスペースのほか、複数のオフィスルームや食堂スペース、宿泊施設も併設されています。

都心からの移住促進を目的として設立されたこの施設では、リモートワークやサテライトオフィスなどのビジネス用途はもちろん、宿泊施設が併設されているため、団体での利用やワーケーション、近隣地域の方々のコミュニティ活動、セミナー、イベントなど、さまざまな用途に対応可能なコミュニティスペースです。同施設を通じて、これまでに160以上の大小さまざまなプロジェクトが生まれています。

play & works ADLIV

徳島県美馬市にある、ホステルだけではなくコワーキングスペースやカフェの要素もあわせ持つ、ワーケーション&コリビングの施設です。活版印刷で創業し、時代の流れとともに印刷を続けてきた老舗印刷会社の工場を、「泊まれる工場」としてリノベーションすることで生まれました。自分らしく自由に楽しみながら、ゲスト同士の緩やかな横のつながりやプロジェクトを創出し、暮らしながら働くという新しいライフスタイルを実現することができるシェアリングオフィスです。

元印刷工場ということもあり空間の仕切りが少なく、ほぼすべてのスペースがつながっている設計になっています。1階にはイベントやワーキングスペースとしても利用できる共有スペースとカフェ、またドミトリーが併設されています。2階には会議室や個室、キッチンスペースがあります。また、地域×人×スキルの連携で新たなネットワークを形成し、人とのつながりを深めるコミュニティ「アドリブ大學」が開催されており、地域内外のつながりが広がっています。

Section 9-4

地方の場合（人口1万人以下、離島など）

人口1万人以下の街や離島にあるコワーキングスペースは、複合的な要素を持っています。移住相談、起業支援、学生も利用できる学習スペース、コミュニティスペースなど、従来のコワーキングスペースの機能に加えて、地域に根ざした役割を担っています。日常では地域住民の利用が多く、またワーケーション等で地域外からも利用者が訪れます。地域内外のコミュニケーションのハブとなっているスペースも多く見受けられます。

小高パイオニアヴィレッジ

福島県南相馬市の小高地区にある簡易宿所付きのコワーキングスペースである「小高パイオニアヴィレッジ」は、東日本大震災における津波、そして福島第一原発の事故による避難指示などで大きな影響を受けた地域にあります。運営の株式会社小高ワーカーズベースの代表取締役である和田智行さんは小高出身です。5年4カ月居住が許されなかった地域において、「誰かが新しいチャレンジをして仕事を生み出さなければ、小高が復活しない」と考えて、解除後当初は避難地から小高に通いながら創業し、その後は「小高パイオニアヴィレッジ」を中心とした事業展開を行っています。「地域の100の課題から100のビジネスを創出する」をコンセプトに、数多くの起業家を輩出する拠点となっています。中でも、コワーキングスペースとして「働く」と「住む」の境界線をあえて曖昧にすることで、新しい化学反応が起きやすいハード・ソフトの設計となっています。

筆者（中野）が実際に滞在し利用したところ、小高地区はもちろん南相馬市エリアで活動をしている人たちともフレンドリーな関係性を作ることができ、何より仕事場としても快適に仕事ができる空間になっていると感じました。人口1万人以下の地域において、コワーキングスペースが一度ゼロになった町から新しい可能性を作っている、代表的な例です。

宮古島ICT交流センター

沖縄県宮古島市にある、宮古島市役所の下地庁舎3階をリノベーションして開設された、サテライトオフィス兼コワーキングスペースです。普通は立ち入ることのできない、下地の歴史を感じる議場が、コワーキングスペース兼イベントスペースとなっており、自由に利用することができます。議員席でお仕事し、記念撮影される方もいるとのことです。

宮古島の自然環境に触れ、心身ともにリフレッシュすることで、生産性を向上させたり新たな発想を生んだりすることができる「テレワークの楽園」と呼ばれるような環境を、宮古島市の地元企業や地域の人々、そして移住や仕事などで、宮古島に新たに来る皆さんと一緒に作っていきたいという想いで運営されています。

宮古島を拠点に、都市部の企業と宮古島市の間の「人と人との交流機会」をきっかけとした、将来的な宮古島へのU・Iターンなどの移住定住促進にも力を入れています。

女川フューチャーセンターCamass

宮城県女川町にある、「女川と繋がる」をつくるコワーキングスペースです。地方で起業したい方の創業支援や、移住意思を問わず5～30日間でお試しでシェアハウスに滞在できる「お試し移住プログラム」などを提供しています。コワーキングスペース・創業支援・女川町民集いの場として、会員が自由に利用できるコワーキングスペースや、予約制の会議室などから構成されています。

「防災」ではなく「減災」を選択した女川町は、官民一体となり、「千年に一度のまちづくり」を宣言し、2011年の震災からの復興がいち早く進む地域でもあります。漁業等の産業の新たな事業機会の創出を共に考えていく場としても機能しており、駅前をより盛り上げるための活動の場や、女川町の住民の方々が自由に利用できる集いの場としても開放されています。

施設は1日外出自由で、一度施設を出て戻ってきてもまた利用可能です。目の前に海が一望できる商店街があり、女川が誇る海の幸を楽しめるお店や日本茶フレーバーティーやフルセイルコーヒーが楽しめます。さらに徒歩30秒で行けるJR女川駅構内には、女川温泉ゆぽっぽがありリフレッシュが可能です。

また、町内外がつながるハブとして、活動人口コンシェルジュを設置して町内外の人々をつないでいます。定員が3~6名/回の少人数制で、事業アイデアから事業計画・収支計画のブラッシュアップを伴走する「創業本気プログラム」を年2回運営しています。

立科町ふるさと交流館「芦田宿」

長野県立科町にある、地域情報の発信、地域学習、人々の交流文化活動拠点、移住サポートセンター、テレワークセンターが併設されたコワーキングスペースです。町のサードプレイス的なスペースで、Wi-Fi環境が整った環境で、1人でも複数人でもまちの温度感を感じながら過ごすことができます。

施設は、子育て中の女性や地元の年配の方々、地域おこし協力隊や農家の方々もこの場所をそれぞれの目的で活用しており、時には地元の野菜や果物がコンテナいっぱいに置かれていたり、近隣のイベント情報が貼り出されていたりします。また、移住サポートセンター機能が併設されており、移住相談も受け付けています。地域課題を題材に、28時間でアイデアソンをする「タテシナソン」の発表会場にもなっており、さまざまな機能を持ったスペースとなっています。

オープンアンドフレンドリースペースArea898

埼玉県秩父郡横瀬町にある、横瀬町民や横瀬に関わる人たちのためのコミュニティ・イベントスペースです。使用されなくなっていたJA旧直売所跡地を利活用し、町民と横瀬町に関わる人たちが交わる「交差点」として作られました。横瀬町役場が直営で管理しており、町民や町民以外、お年寄りから子どもまで多くの方の交わる場として利用されています。「LivingAnywhere Commons横瀬」という宿泊可能な民間施設を併設しており、人口減少地域におけるコワーキングスペースと宿泊施設がセットになった施設です。

この施設は、横瀬町の取り組みである「よこらぼ」の活動拠点としても利用されています。「よこらぼ」は、企業・団体・個人が実施したいプロジェクト・取り組みを実現するために、行政が横瀬町のフィールドや資産を有効に利用してサポートする取り組みで、地域の活性化と移住者や関係人口の増加を目的としています。

付録
備品一覧

パソコン周辺機器

備品名	備考
複合機	コピー、スキャン、プリント、ファックス
ディスプレイモニター	デュアルモニターでの作業環境を必要とする方が多い場合は必須
モニターケーブル(HDMI等)	モニターやスクリーン、プロジェクターと接続するためのもの
変換アダプター各種	USB Type-C や Mini DisplayPort から HDMI や VGA に変換するもの
プロジェクター	複数名での打ち合わせやイベントを開催するためのもの
プロジェクタースクリーン	
大型モニター	
マイクセット	イベントを開催するためのもの
ノートパソコン、 デスクトップパソコン	受付スタッフ用、貸し出し用、共有設置用などを必要に応じて
電源タップ（延長コード）	どの席にいても不自由なく電源を取れる程度の数が用意されていたほうがよい
電源アダプター（Mac 用）	必須ではないが、Mac は Windows のように規格がバラバラではなく、ユーザーも多いので、いくつか貸し出し用に用意があるとよい
スマートフォン充電ケーブル (Android ／ iPhone)	貸し出し用。かなり需要がある印象
LAN ケーブル	有線 LAN で作業をしたい利用者のために用意しておくとよい
ヘッドホン	コワーキングスペース内で動画再生など音を出されると雰囲気が変わってしまうため、音を出している利用者がいた場合にヘッドホン着用を促せるよう、貸し出し用があるとよい
外付け CD ／ DVD ドライブ	最近のノートパソコンは非搭載のものが多いため、外付けのドライブを貸し出せるとよい
iPad などタブレット端末	スタッフ用備品。レジシステムに AirPay などのアプリを導入する場合に必要
タブレット端末 もしくはスマートフォン端末	BGM を流すのに使用する場合（アンプなども必要に応じて購入）

家電

備品名	備考
冷蔵庫	冷蔵庫、電子レンジ、トースター、電気ポットは必須ではないが、あると喜ばれる。スタッフ用と共用でも可
電子レンジ	
トースター	
電気ポット（給湯室を使えない場合）	
ドリンクマシーン、コーヒーマシーンなどの飲み物のサーバー	冷蔵庫にペットボトル飲料を入れておき、ウェルカムドリンクとして提供したり販売したりしているコワーキングスペースも多い
加湿器	最初にすべてを揃えず、様子を見ながら必要に応じて用意する形でもよい
除湿機	
扇風機	
ラミネーター	主にスタッフのポップ作成用に必要。利用者への貸し出し用を兼ねてもよい

小物

備品名	備考
筆記用具各種	ボールペン、シャーペン（芯も）、サインペン、蛍光マーカー、油性マジックなど
レターオープナー	郵便受付のサービスを提供する場合は置いておくと便利
カッター・カッターマット	カッターを置く場合はカッターマットもセットであったほうがよい
文房具各種	ハサミ、電卓、ホッチキス、ガムテープ、のり、両面テープ、セロハンテープ、ラベルライター、ダブルクリップ、付箋、画鋲、朱肉、捺印マットなど

設備など

備品名	備考
テーブル・椅子	値段はピンキリで、「コワーキングスペース 7F（ナナエフ）」では安いソファーテーブルから 1 脚 10 万円ほどする椅子まで置いている。高価格帯の会員向けの席は、ハーマンミラー製のセイルチェア（1 脚 10 万円程度）を使用しているスペースが多い
ゴミ箱各種	1 日に何回も袋を取り替えなくていいように大きめがよい
シュレッダー	
ロッカー	月極めのロッカーはダイヤル式、一時利用のロッカーはシリンダー錠式など、用途にあわせて使い分けるとよい。郵便受取サービスを提供する場合は、各扉に郵便物の投函口が付いたメールロッカータイプがおすすめ
講師台・講師椅子	スペース内でのイベントを開催するためのもの
ホワイトボード	複数名の打ち合わせやイベントなどでの利用を想定する場合、大きめのものがあったほうがよい。机上で使うようなミニサイズもあると便利
コートハンガー	必須ではないが、特に女性をメインターゲットにしている場合はあったほうがよい
荷物カゴ	
雑誌ラックや本棚	雑誌や本棚を置く場合のみ
チラシラック	地域情報などの掲載されたフリーペーパーやチラシを設置するためのもの
時計	どの席からでも時間がわかるようにするとよい
傘立て	折りたたみ傘用の傘入れもあると喜ばれる
手指消毒液	入口、貸出備品の近くなど、複数箇所に設置したい
検温器（サーマルカメラ）	自立式のものを設置して利用者自身で検温できるようにするとよい
CO2 モニター	換気の目安を把握するために設置したい

索引

アルファベット

DIY……117
DX……24
Jelly……17
OAフロア……185
OJT……238
SNS……78・142・225
Wi-Fi……9・16・62・184

ア行

インキュベーションマネージャー……215・271
インキュベーション施設……11・264・267
運営委託……124
オープンイノベーション……20・117・130
オープンシーティング……34

カ行

銀行借入……117
勤怠管理……198
クラウドファンディング……118
契約書……256
月額利用……143
決済システム……249
研修……235
顧客管理ツール……245
個室ブース……179
コミュニケーションチャネル……69
コミュニティ……88・107
コミュニティマネージャー……89・215
コリビング……37
コワーキングスペース……8・17・56

サ行

サードプレイス……15・89
撮影部屋……155
サテライトオフィス……11・14・15
サブリース……124
シェアオフィス……11・14・60
シェアキッチン……158
シェア本棚……156
事業計画書……117・131
施設管理ツール……210
シフト調整……196
省人化……217
助成金……120
ショルダーハッキング……62
スタートアップ……11・14
スマートロック……191

タ行

タスク管理……200
タッチダウンオフィス……24
知的財産……261
賃貸借契約……254
テレワーク……16・22・25・52・73
ドロップイン……127・139

ハ行
バーチャルオフィス 128
バーチャルコワーキング 40
ファブスペース 157
プラットフォーム 61・67
フリーアドレス 11・178
フリーランス 11・19・28
ポータルサイト 81・83・111
保険 260
補助金 120

マ・ラ・ワ行
まちづくり 162
メタバース 72・74
リトリート 37・64
リファラル採用 117・130・228
レンタルオフィス 8・11・60・268
レンタルスペース 110・150・153
ワーケーション 15・40・63

STAFF LIST

カバーデザイン
山之口正和＋齋藤友貴（OKIKATA）

カバーイラスト
榎本直哉

本文デザイン・DTP
松澤維恋（リブロワークス・デザイン室）

校正
株式会社トップスタジオ

デザイン制作室
今津幸弘・鈴木 薫

制作担当デスク
柏倉真理子

編集
株式会社リブロワークス

編集長
柳沼俊宏

■商品に関する問い合わせ先

このたびは弊社商品をご購入いただきありがとうございます。本書の内容などに関するお問い合わせは、下記のURLまたは二次元バーコードにある問い合わせフォームからお送りください。

https://book.impress.co.jp/info/

上記フォームがご利用いただけない場合のメールでの問い合わせ先
info@impress.co.jp
※お問い合わせの際は、書名、ISBN、お名前、お電話番号、メールアドレスに加えて、「該当するページ」と「具体的なご質問内容」「お使いの動作環境」を必ずご明記ください。なお、本書の範囲を超えるご質問にはお答えできないのでご了承ください。

- 電話やFAXでのご質問には対応しておりません。また、封書でのお問い合わせは回答までに日数をいただく場合があります。あらかじめご了承ください。
- インプレスブックスの本書情報ページ https://book.impress.co.jp/books/1122101053 では、本書のサポート情報や正誤表・訂正情報などを提供しています。あわせてご確認ください。
- 本書の奥付に記載されている初版発行日から3年が経過した場合、もしくは本書で紹介している製品やサービスについて提供会社によるサポートが終了した場合はご質問にお答えできない場合があります。

■落丁・乱丁本などの問い合わせ先
FAX：03-6837-5023
service@impress.co.jp
※古書店で購入された商品はお取り替えできません。

よくわかるコワーキングスペース開業《かいぎょう》・運営《うんえい》の教科書《きょうかしょ》

2023年6月11日　初版発行

監　修　一般社団法人《いっぱんしゃだんほうじん》コワーキングスペース協会《きょうかい》
著　者　星野《ほしの》邦敏《くにとし》、中野《なかの》龍馬《りょうま》、斉藤《さいとう》晴久《はるひさ》、山田《やまだ》里江《りえ》
発行人　小川 亨
編集人　高橋隆志
発行所　株式会社インプレス
〒101-0051　東京都千代田区神田神保町一丁目105番地
ホームページ　https://book.impress.co.jp/
印刷所　音羽印刷株式会社

ISBN978-4-295-01653-3　C0034
Printed in Japan